인스타그램 마케팅,
그렇게 하는 게 아닙니다

인스타그램 마케팅, 그렇게 하는 게 아닙니다

e 비즈북스

차례

프롤로그　008

INTRO
인스타그램, 새로운 미디어의 등장

대세 SNS, 주목받는 인스타그램　012

인스타그램 이해하기: 발견, 연결, 탐색 그리고 쇼핑　015

CHAPTER 1
발견, 어떻게 하면 쉽게 발견될까?

'읽는 것'에서 '보는 것'으로, 모바일 콘텐츠 소비의 변화　022
　　블로그 vs. 페이스북 vs. 인스타그램
　　이미지만으로도 전달되는 정보

인스타그램 콘텐츠의 특징　028
　　인스타그램이 말하는 '손가락'을 멈추게 하는 이미지
　　설명하지 말고 '갖고 싶다'를 자극해라

흥미, 유익, 그리고 사람
UGC 활용하기

쉽게 발견되는 콘텐츠 제작하기   **044**
인스타그램 필터 트렌드의 변화
수정 기능을 통한 고퀄리티 이미지 제작 방법
사진과 동영상 편집 앱

CHAPTER 2
연결, 우리는 어떻게 연결될까?

3세대 버티컬 SNS, 인스타그램   **064**
페이스북과 인스타그램의 차이는 바로 연결
버티컬 SNS 인스타그램

'연결'을 이해하기 위한 키워드 '소셜 큐레이션'   **068**
소셜 큐레이션 서비스
소셜 큐레이션의 집합체, 둘러보기
인스타그램 해시태그의 특징 및 역할
고객이 찾아오는 해시태그 vs. 고객을 찾아가는 해시태그
해시태그 작성 및 발굴을 위한 외부 솔루션

CHAPTER 3
탐색, 탐색하기 좋은 계정은 무엇일까?

탐색하고 관여되는 인스타그램 계정 피드   110
     기존 SNS 프로필과의 차이점 '3열 그리드 방식'

탐색하기 좋은 구조 만들기   114
     탐색하기 좋은 구조는 왜 중요한가?

피드 구성을 도와주는 외부 솔루션   122
     피드 구성 계획을 도와주는 '프리뷰'
     예약 발행 서비스 '스마트 포스트'

CHAPTER 4
쇼핑, 인스타그램 커머스

발견의 공간에서 구매를 위한 공간으로   132

인스타그램 커머스의 가능성   135

쇼핑 기능 설정 가이드   141
     계정 구조 살펴보기
     페이스북 페이지에 샵 등록하기
     페이스북 페이지 설정하기

인스타그램에서 광고하기   148

CHAPTER 5
게시물 외 나를 알릴 수 있는 다양한 기능

인스타그램 스토리란?   162
    스토리 기능 활용하기

인스타그램 하이라이트란?   173
    하이라이트의 역할 세 가지
    하이라이트 제작 앱

인스타그램 라이브와 IGTV란?   185
    라이브와 IGTV 특징 세 가지
    라이브 활용하기
    IGTV 활용하기
    인스타그램 인플루언서 운영 가이드

CHAPTER 6
업종별 인스타그램 운영 전략

운영 전략은 어떻게 짜야 할까?   206
고객이 특정 기간에만 구매를 고민하는 업종   207
라이프 스타일을 제안하고 재구매가 활발한 업종   212
찍기 위해 방문하는 오프라인 카페 및 외식 업종   215

부록   222
    인스타그램 마케팅에서 이기는 키포인트

프롤로그

인스타그램을 이해하기 위한 키워드
'발견' '연결' '탐색' '쇼핑'

2016년부터 인스타그램 강의를 하면서 많은 분을 만났다. 인스타그램 사용자가 급격히 늘어나면서 기존의 홍보 채널이 아닌 새로운 SNS에서 기회를 찾던 분들이 필자의 강의를 찾았다. 대부분 네이버 블로그나 페이스북을 운영하면서 어느 정도 성과를 봤던 분들이었다. 강의를 찾아온 이유를 물으면 다음과 같이 답변하는 경우가 많았다.

'블로그나 페이스북은 잘 운영하고 있는데요. 인스타그램은 어떻게 콘텐츠를 만들고 운영해야 할지 도무지 모르겠어요.'

인스타그램은 블로그, 페이스북 등과 상당 부분 다른 방식으로 운영되는 서비스이다. 그러다 보니 이를 인지하지 못하고 블로그나 페이스북을 운영하듯이 인스타그램을 운영하다가 어려움을 겪는 경우가 많다. 인스타그램을 잘 활용하기 위해서는 미디어로서 어떤 특징을 가지고 있는지 그리고 인스타그램 사용자들은 어떻게 행동하고 콘텐츠를 소비하는지 알아야 한다. 그래야만 운영 방향을 잡고 흔들림 없이 전진할 수 있다.

이 책은 지난 강의를 통해 수천 명이 넘는 수강생들에게 검증받은 내용을 정리한 것이다. 이제 막 책을 읽기 시작한 분들에게도 인스타그램 운영에 도움이 되었으면 하는 마음을 담아 집필에 힘을 다했다. 아직은 어렵고 낯설기만 한 인스타그램을 '발견', '연결', '탐색', '쇼핑'이라는 익숙한 개념을 통해 보다 쉽게 이해할 수 있도록 구성했다. 이 책을 끝까지 읽고 나면 막연하기만 했던 인스타그램 운영에 분명한 방향이 생길 것이다. 그리고 책 내용 중간중간에 나오는 팁은 실전에서 바로 활용할 수 있으니 놓치지 말고 확인하길 바란다.

마지막으로 책을 집필하는 데 도움을 주신 광고주 분들과 칙스토리CHIC STORY(www.chic-story.com) 식구들, 그리고 오로지 책을 쓰는 데 시간을 쓸 수 있도록 배려해 준 김길임 씨에게도 고맙다는 말을 전한다.

김종영

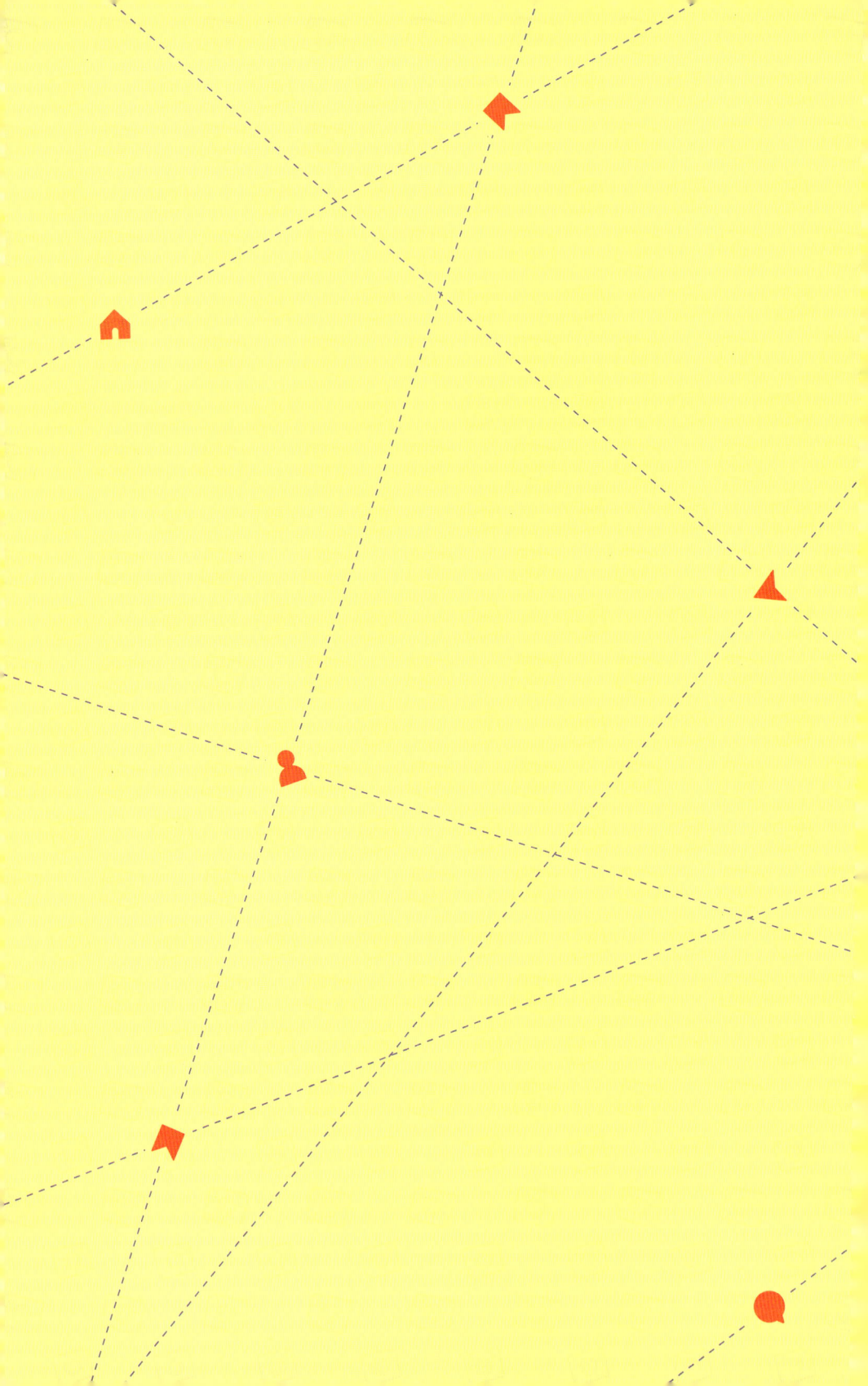

인스타그램,
새로운 미디어의 등장

대세 SNS,
주목받는 인스타그램

새로운 미디어의 등장은 우리에게 또 다른 기회를 제공한다. 네이버 블로그와 카페 등이 그랬고 불과 몇 년 전에는 페이스북이 그 역할을 했다. 스마트폰 등장 이전에는 정보를 얻기 위해 네이버와 다음 등 포털 사이트에서 검색을 했다.

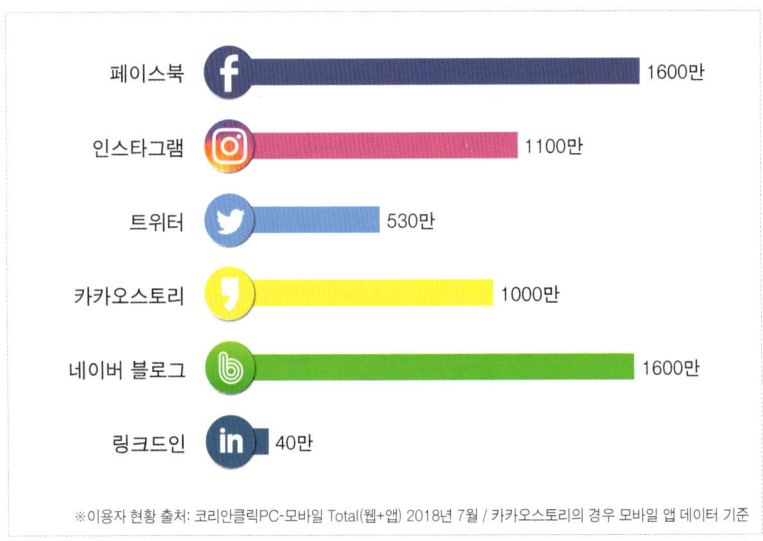

▲ 2018년 국내 SNS 이용 서비스 현황(UV/월)(출처: 나스미디어)

특히 약 80%의 검색 점유율을 자랑하던 네이버는 온라인을 기반으로 제품 혹은 브랜드 등의 광고와 홍보를 진행하던 업체들에 있어서 가장 중요한 미디어였다.

▲ 네이버 검색광고 내 블로그 체험단 업체

또한 네이버 검색 시 특정 키워드의 상위 노출이 가능한 블로그, 카페, 지식iN 등을 다량 보유한 업체나 대행사 등이 시장을 주도하는 시기이기도 했다. 이때 기회를 잡은 업체들은 네이버의 상위 노출 로직을 활용할 수 있었으며, 글과 이미지로 구성된 콘텐츠 작성 역량을 갖추고 있었다. 네이버 사용자의 성향을 파악하고 그에 맞는 대응으로 새로운 기회를 잡은 것이다. 그리고 여전히 광고주들은 이런 홍보 방식을 선택한다.

하지만 2007년 아이폰이 세상에 등장하면서 온라인 마케팅 시장의 판도가 바뀌기 시작했다. 특히 모바일 혁명과 함께 트위터와 페이스북으로 대표되는 소셜네트워크서비스 Socieal Network Service, SNS가 등장하면서 온라인에서 새롭게 기회를 잡은 업체들이 나타났다.

이 업체들의 콘텐츠 제작 방식과 커뮤니티 참여자들의 소통 방식은 블로그와 많이 달랐다. 지금은 카드뉴스를 만들고 고객의 즉각적인 반응을 불러오는 영상을 제작해 페이스북에 올리는 것이 일반적이지만, 페이스북 초기만 해도 이를 이해하고 접근하는 업체는 많지 않았다. 대부분 업체가 블로그 글을 그대로 복사한 뒤 붙여 넣는 방식으로 콘텐츠를 제작했다. 새로운 미디어인 페이스북을 이해하지 못하고 블로그와 같은 방식으로 페이스북을 대했던 것이다.

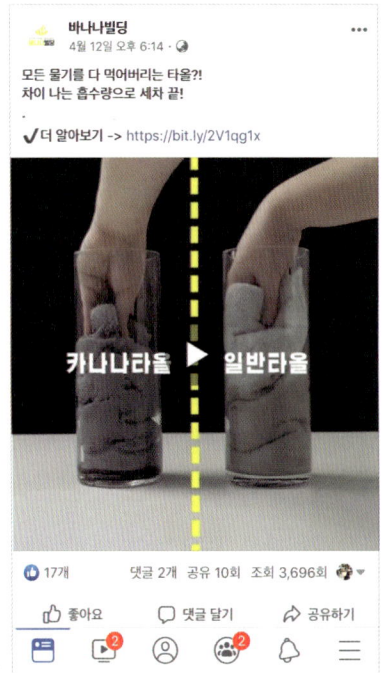

◀ 페이스북을 활용해 성장한 아이디어 상품 쇼핑몰

반면 페이스북의 특징을 이해하고 사용자의 콘텐츠 소비 패턴을 파악한 업체들은 이에 맞는 콘텐츠를 제작했고, 이를 페이스북 페이지나 광고에 활용하면서 폭발적으로 성장했다. 찾아가는 맞춤 셔츠 서비스인 스트라입스, 계단에 던져도 깨지지 않는 아이폰 케이스 등을 판매하는 업체 등은 페이스북 사용자가 좋아하는 콘텐츠를 제작해 큰 성공을 거두었다. 이런 업체들은 페이스북 내 공유와 확산을 통해 적은 비용으로 막대한 홍보 효과를 거둘 수 있었으며, 새로운 미디어를 빠르게 대응한 덕분에 좋은 기회를 잡을 수 있었다.

하지만 페이스북의 성장 속도가 둔화된 지금은 예전과 같은 성과를 기대하기 어려워졌다. 페이스북이 등장하면서 네이버 블로그 등이 이전과 같은 위용을 보이지 못하게 된 것처럼 페이스북 역시 그 수순을 밟고 있다.

그렇다면 페이스북 다음은 어떤 미디어일까? 블로그와 페이스북에서 기회를 놓치고, 비즈니스를 알리기 위한 새로운 기회를 찾고 있다면 인스타그램이 그 대안이 될 것이다.

인스타그램 이해하기: 발견, 연결, 탐색 그리고 쇼핑

2018년 6월 기준으로 월간활동사용자Monthly Active Users, MAU 10억 명을 돌파한 인스타그램은 하루에 1억(2018년 기준)이 넘는 게시물이 업로드되는 거대한 커뮤니티로 성장했다. 약 20억 명의 MAU를 자랑하는 페이스북에 비교하면 아직 절반 정도의 규모이지만 페이스북보다 빠른 속도로 10억 명을 달성한 만큼 앞으로 더 크게 성장할 것이다.

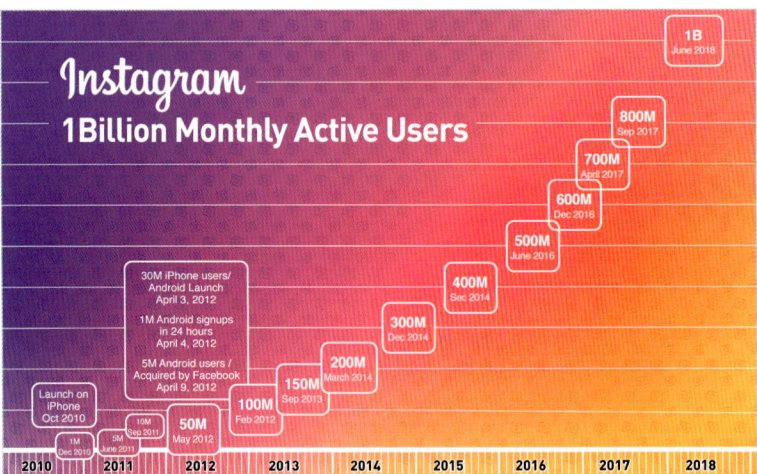

▲ 2018년 인스타그램의 MAU 성장 지표 (출처: 인스타그램)

인스타그램은 페이스북의 20억 명 수준까지 성장할 가능성도 높다. 페이스북에 집중하던 예전과 달리 이제는 인스타그램을 중심으로 홍보 전략을 다시 짜는 경우도 많다. 하지만 인스타그램을 제대로 이해하고 활용하는 성공 사례를 국내에서는 찾아보기 힘들다. 인스타그램이 10년도 안 된 서비스라는 점이 그 이유가 될 수 있지만 인스타그램을 페이스북처럼 운영하는 데 가장 큰 문제가 있다.

◀ 페이스북 콘텐츠를 그대로 인스타그램에 업로드한 예

만약 인스타그램을 통해 제품이나 서비스를 알리고 싶다면 우선 인스타그램의 특징을 아는 것이 중요하다. 사용자들이 인스타그램을 통해서 무엇을 보고 느끼며 어떻게 행동하고 활용하는지 알아야 하는 것이다. 내 비즈니스에 관심 있는 사람들과 인스타그램 안에서 연결될 수 있는 방법을 터득하고 수많은 콘텐츠 사이에서 '눈에 띄는' 이미지를 제작할 수 있어야 한다. 그렇게 '연결'된 잠재고객이 인스타그램 안에서 당신의 브랜드를 '탐색'할 수 있게 만들어야 하며, '구매'까지 이르도록 전략을 세울 수 있어야 한다. 그렇게 한다면 인스타그램에서 원하는 성과를 달성할 수 있을 것이다. 하지만 대부분 준비 없이 인스타그램을 시작하고 실패한다. 블로그 콘텐츠를 그대로 페이스북에 적용하고 실패했던 것처럼 페이스북 콘텐츠를 인스타그램에 그대로 올리는 전철을 밟고 있다.

인스타그램은 페이스북과 다르다. 만약 당신이 인스타그램으로 새로운 기회를 잡아야 하는 상황이라면 지금부터 설명할 인스타그램 특징에 귀 기울여주길 바란다. 특별한 비밀도, 개인적인 견해가 반영된 노하우도 아니다. 지극히 평범하고 상식적인 수준에서 이미지 기반 SNS인 인스타그램을 이해할 수 있도록 돕는 단계라고 생각해주길 바란다.

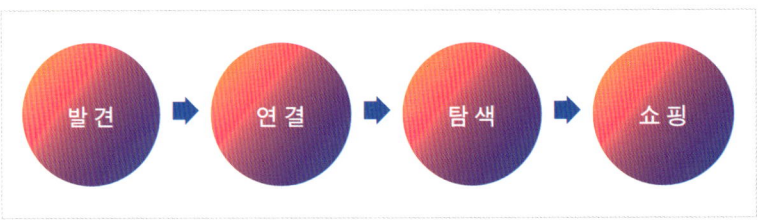

▲ 인스타그램 안에서 고객이 우리를 찾아오는 단계

발견, 연결, 탐색 그리고 쇼핑. 인스타그램에 대한 이해를 돕기 위해 이 네 가지 키워드로 전체적인 틀을 정하고 각자의 틀에 맞춰 예시와 함께 하나씩 설명할 것이다. 인스타그램 안에서 잘 발견되는 콘텐츠의 특징, 내 브랜드에 관심 있는 잠재고객과 연결되기 위한 방법, 고객이 브랜드를 탐색하게 만드는 매력적인 계정(피드) 구성의 중요성 및 방법, 쇼핑 기능을 통해 고객을 구매 단계로 끌어들이는 방법으로 이어진다.

    지금부터 본격적인 이야기를 시작하겠다. 여러분은 '발견', '연결', '탐색', '쇼핑'이라는 네 가지 단어만 기억하면 된다.

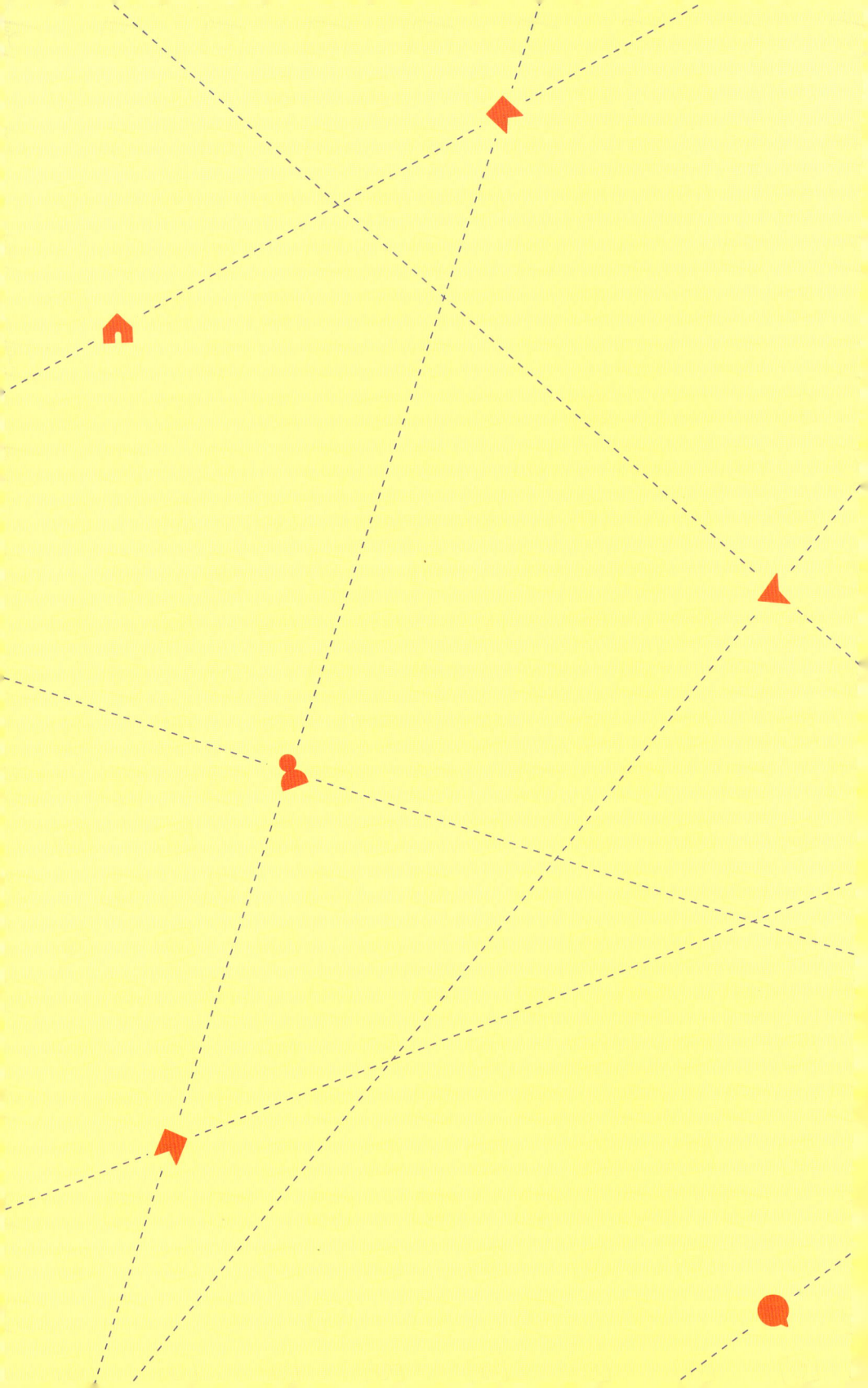

발견,
어떻게 하면
쉽게 발견될까?

'읽는 것'에서 '보는 것'으로, 모바일 콘텐츠 소비의 변화

인스타그램이 지금의 성공을 거둘 수 있었던 가장 큰 이유는 사진이다. 고성능 카메라가 내장된 스마트폰이 보급되면서 이전보다 더 많이 사진을 찍게 되었고 이를 공유하거나 전시할 수 있는 공간이 필요해졌다. 그리고 결과물을 많은 사람과 공유하고 댓글을 달거나 좋아요를 누르는 소셜네트워크 기능이 합쳐지면서 지금과 같은 모습을 갖추게 되었다. 특히 멋진 사진을 찍어 보이고 싶어하는 욕구는 유니크한 정사각형 구도와 다양한 필터를 가진 인스타그램을 통해 해소했다.

또한 사용하는 디바이스가 큰 화면의 PC에서 작은 화면의 스마트폰으로 바뀌면서 긴 글로 구성된 콘텐츠는 보기 불편해졌고, 카드뉴스 등 정보성 콘텐츠를 모바일에 친화적인 방식으로 유통시킨 트위터, 페이스북이 사용자의 선택을 받았다. 그리고 이제는 사진만으로도 충분히 소통이 가능한 인스타그램과 같은 SNS가 등장하기 시작했다. 네이버와 트위터를 지나 페이스북으로 넘어오면서 콘텐츠를 소비하는 방식이 '읽는 것'에서 '보는 것'으로 변화되었고, 이미지 자체만으로도 콘텐츠가 되는 이미지 기반 SNS 시대가 열리게 된 것이다.

블로그 vs. 페이스북 vs. 인스타그램

콘텐츠 소비 방식의 변화는 마케팅 면에서 시사하는 바가 크다. 나 자신 혹은 비즈니스를 알리기 위해 제작되는 콘텐츠는 그것을 보는 대상에 맞춰 만들어져야 한다. 만약 고객이 긴 글로 구성된 콘텐츠보다 매력적인 한 장의 사진으로도 충분히 설득될 수 있는 사람이라면 사진을 잘 찍는 것에 집중해야 한다.

◀ 이미지 기반 SNS 인스타그램

마케팅을 하면서 이미지 기반의 SNS인 인스타그램을 어려워하는 지점이 바로 여기에 있다. 블로그와 페이스북의 콘텐츠를 만들었던 경험이 전혀 다른 방식으로 콘텐츠가 소비되는 인스타그램에서 걸림돌이 되는 것이다. 글이 아닌 이미지로 소통하는 인스타그램의 특징을 이해하지 못한 채 마케팅을 진행하며, 카드뉴스와 긴 글로 구성된 페이스북 콘텐츠를 그대로 인스타그램에 사용하면서 실패를 거듭하고 있다.

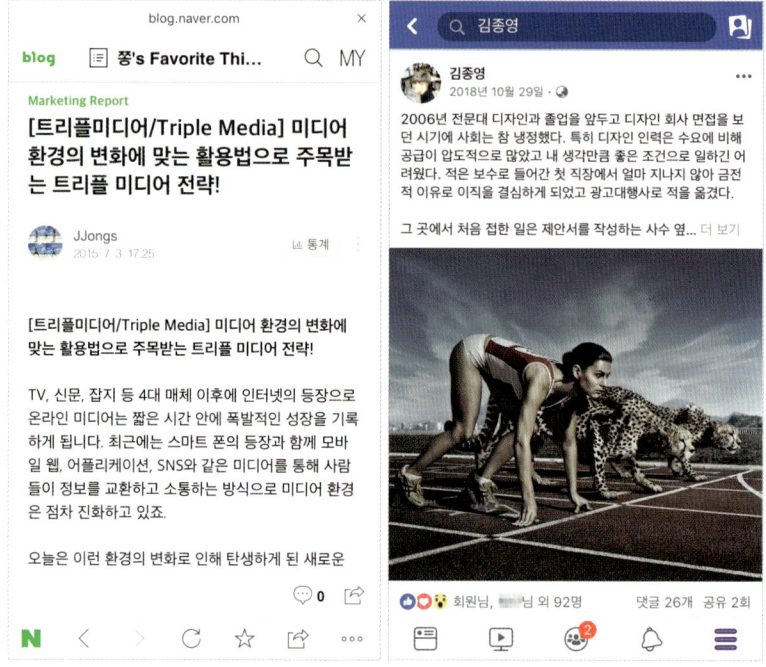

▲ 블로그(좌)와 페이스북(우)의 콘텐츠

 블로그, 페이스북, 인스타그램 계정의 콘텐츠를 비교해보자. 노출되는 방식이나 콘텐츠 구성 요소가 다른 만큼 인스타그램에서 소비되는 콘텐츠 제작 방식도 블로그와 페이스북과는 달리 진행되어야 하는 이유를 뚜렷하게 보여준다.
 하루에 1억 장이 넘는 사진이 올라오는 인스타그램 피드에서 내가 업로드한 이미지는 과장을 조금 보태서 빛과 같은 속도로 사라지고 만다.

◀ 인스타그램의 콘텐츠

　빠르게 피드를 넘기는 인스타그램 사용자의 선택을 받기 위해서는 블로그나 페이스북에 적합한 설명하는 긴 글의 콘텐츠가 아닌 영감과 욕망을 자극할 수 있는 직관적인 이미지여야 한다. 즉 제품에 대한 구구절절한 설명을 멈추고 이미지에 모든 것을 담아내야 한다.

이미지만으로도 전달되는 정보

옷을 구매하기 위해 온라인 쇼핑몰에 들어가면 다양한 상품을 보고 난 뒤, 원하는 옷을 발견하면 클릭한다. 그 옷에 대한 정보로 작성된 상세 페이지에서 여러분이 가장 먼저 하는 행동은 무엇일까? 대부분 스크롤을 내리면서 사진을 볼 것이다. 이때 시선은 이미지 사이사이에 작성된 글은 가볍게 무시(?)하고 이미지로 향할 것이다.

◀ 텍스트를 최소화한 룩북 형태의 쇼핑몰

왜 제품 정보를 자세히 안내하는 글을 무시하고 이미지를 먼저 소비하는 것일까? 이는 이미지만으로도 옷에 대한 정보를 충분히 파악할 수 있기 때문이다. 이미지를 보는 것만으로도 이 옷이 나한테 어울릴지, 소재는 어떤지 알 수 있다. 물론 소재나 사이즈 등의 구체적인 정보는 텍스트를 통해 확인하겠지만 이미지만으로도 구매 여부를 결정할 수 있을 정도로 이미지는 정보로서의 역할을 한다.

콘텐츠의 본질적인 역할은 정보 전달에 있다. 그리고 정보를 전달하는 방식은 주제나 대상에 따라져야 한다. 만약 당신이 ERP(Enterprise Resource Planning, 전사적자원관리시스템)를 판매하는 업체라면 이미지보다는 프로그램의 장점과 기능을 잘 설명할 수 있는 자막이 들어간 영상이나 텍스트 중심의 블로그가 더 적합할 것이다. 이와 반대로 이미지 자체만으로도 정보가 될 수 있는 패션, 뷰티, 여행, 음식 등이라면 이미지 중심의 콘텐츠가 더 효과적일 것이다. 그리고 이런 업종이 이미지 기반 SNS인 인스타그램에 더 적합하다.

 인스타그램을 활용하기 이전에 비즈니스가 이미지만으로도 정보가 될 수 있는지 고민해봐야 한다. 인스타그램 운영을 시작하기 전 비즈니스가 인스타그램이라는 미디어와 잘 맞는지 고민하는 것은 매우 중요하다. 무작정 시작할 것이 아니라 인스타그램에서 활동하는 잠재고객에게 '이미지만으로 정보'를 전달할 수 있는지 먼저 고민해봐야 한다.

인스타그램 콘텐츠의 특징

인스타그램에서 가장 먼저 해야 할 일은 내 콘텐츠가 잘 발견되도록 하는 것이다. 한 장의 사진으로 우리가 누구인지 알 수 있어야 하며 정보 전달이 가능해야 한다.

   인스타그램에서 잘 발견되고 눈에 띄는 콘텐츠는 몇 가지 특징을 가지고 있다. 이는 블로그, 페이스북 등 기존 SNS의 콘텐츠 노출 방식과 이를 소비하는 사용자의 차이점에서 오는 특징이다. 이해를 돕기 위해 가장 친숙한 SNS인 페이스북과 인스타그램 화면을 비교해보도록 하겠다.

인스타그램이 이야기하는 '손가락'을 멈추게 하는 이미지

인스타그램 공식 블로그에 올라온 포스팅 중에는 '인스타그램에서 시선을 사로잡는 콘텐츠' 제작에 대한 내용이 있다. 인스타그램에 적합한 제작 팁을 알려주는 글 중간에 "바쁘게 스크롤하던 엄지 손가락을 멈추게 만드세요."라는 문장이 있는데, 이 문장이 인스타그램 콘텐츠의 특징을 가장 명확하게 설명해준다.

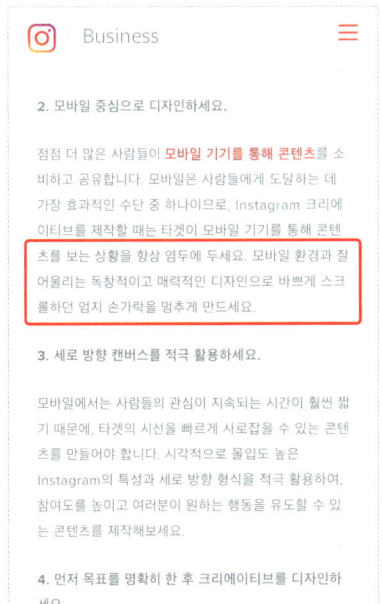

◀ 인스타그램에서 시선을 사로잡는 콘텐츠

'손가락을 멈추게 하는 이미지'라고 처음 들으면 성의 없고 모호한 답변이라고 생각할 수도 있다. 하지만 필자는 인스타그램 채널을 운영하고 광고를 진행하면서 "손가락을 멈추게 만드세요."라는 한 줄이 왜 인스타그램 콘텐츠의 특징을 대변하는지 알게 되었다.

일반적으로 네이버 블로그의 콘텐츠와 페이스북 피드 그리고 인스타그램 피드를 소비하는 속도는 차이가 크다. 속도로 보자면 블로그와 페이스북에 비해 인스타그램 사용자들은 피드를 빠르게 넘기는 편이다. 실제로 대중교통을 이용하는 중간에 사람들의 스마트폰 사용 패턴을 유심히 관찰하면 스마트폰 스크롤을 빠르게 내리다가 손가락을 멈추는 경우가 있다. 이는 대부분 인스타그램 피드를 보고 있는 것이다. 이렇게 빛과 같은 속도로 넘어가는 피드에서는 손가락을 멈추게 하는 그 무엇이 필요하다.

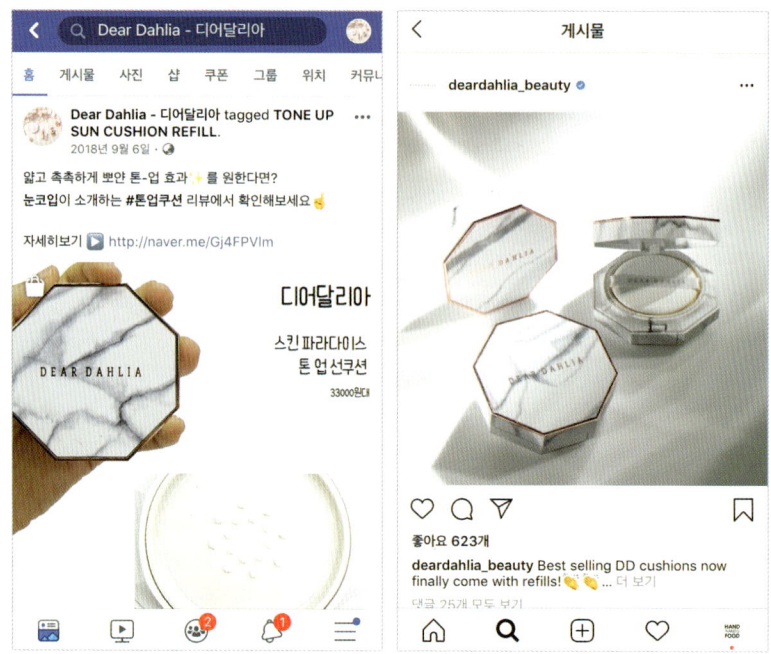

▲ 페이스북(좌)과 인스타그램(우)의 콘텐츠 노출 화면 비교

페이스북과 인스타그램의 콘텐츠 노출 화면을 비교해보자. 상단 텍스트와 함께 하단의 이미지 또는 동영상이 동시에 노출되는 페이스북과 달리 인스타그램은 이미지가 화면의 절반 이상을 차지한다. 심지어 캡션 영역은 거의 보이지 않고, '더 보기'를 클릭해야만 내용을 볼 수 있다.

이처럼 페이스북과 인스타그램은 노출되는 모습이 다르기 때문에 콘텐츠를 제작하는 방식이 달라야 한다. 콘텐츠 노출 방식과 사용자의 콘텐츠 소비 패턴을 고민하지 않는다면 실패할 확률 역시 높아진다. 이미지가 화면의 절반 이상을 차지하고 피드를 빠르게 넘기는 인스타그램에서 손가락을 멈추게 하기 위해서는 욕망을 자극하고 영감을 주는 콘텐츠가 제작되어야 한다.

설명하지 말고 '갖고 싶다'를 자극해라

뷰티 브랜드의 페이스북과 인스타그램을 운영하고 있다고 상상해보자. 페이스북과 인스타그램을 통해 제품의 발색력이나 커버력, 디자인 등 다양한 정보를 자세히 설명하고 싶을 것이다. 페이스북이라면 카드뉴스와 같은 정보성 콘텐츠로 상세한 제품 설명이 가능하겠지만 동일한 방식으로 인스타그램 콘텐츠를 제작하면 크게 효과를 보기 힘들다. 빠르게 스크롤을 내리는 인스타그램에서 카드뉴스처럼 설명이 들어간 콘텐츠는 사용자의 선택을 받기 어렵다. 인스타그램 피드에서 손가락을 멈추게 하려면 '우리 화장품은 발색력을 유지하기 위해 어떤 성분이 포함되어 있으며…'와 같이 설명이 들어간 콘텐츠가 아닌 그 자체로 '갖고 싶다'를 자극할 수 있어야 한다.

즉 동일한 내용도 각 매체에 맞게 제작되어야 효과를 볼 수 있다. 사용자가 같아도 SNS에 따라 콘텐츠를 소비하는 방식이 다르기 때문이다. 인스타그램 콘텐츠는 매체 특성에 맞춰 제작되어야만 한다. 외식업이라면 '재료는 무엇이고 맛은 어떻고…'가 아닌 '먹고 싶다'를 자극해야 하며, 패션업이라면 '재질과 컬러는 어떻고…'가 아닌 '입고 싶다'를 자극해야 한다.

지금부터 주요 업종별 사례를 살펴보자.

여행업: 가고 싶다

호텔 예약 사이트의 사례를 보자. 페이스북과 인스타그램 콘텐츠의 차이를 극명하게 보여준다. 페이스북에서는 여행지의 숙박, 음식, 액티비티 등 다양한 정보를 카드뉴스나 영상을 활용해 보여준다. 하지만 인스타그램에서는 '나도 여행지에 가고 싶다' 또는 '나도 저기서 멋진 사진을 찍고 싶다'를 자극하는 데 중점을 두며, 이런 콘텐츠가 상대적으로 반응이 높은 편이다.

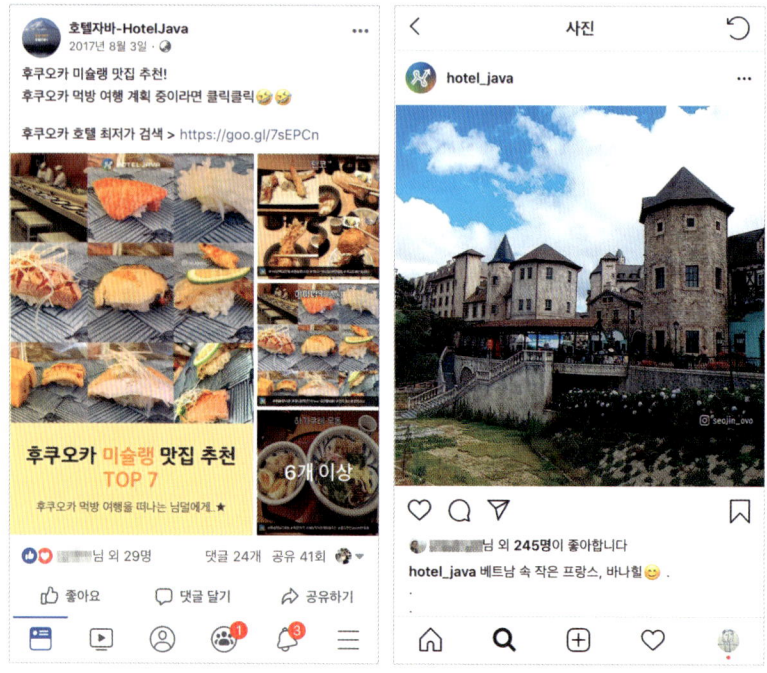

▲ 호텔 예약 사이트의 페이스북(좌)과 인스타그램(우)의 콘텐츠

다양한 정보로 구성된 페이스북 콘텐츠와 달리 인스타그램은 이미지로 시선을 사로잡고 여행지에 대한 자세한 정보는 '더 보기'를 누르면 확인할 수 있는 캡션 영역에 상세히 작성하는 것이 적합하다.

카페/외식업: '찍고' '올리고' '발견되고'

지역 맛집을 검색하는 트렌드가 변화하고 있다. 젊은 층을 중심으로 네이버가 아닌 인스타그램에서 지역 맛집을 검색하는 비중이 점차 늘어나고 있으며, 카페나 외식 업체의 홍보 방법도 인스타그램 중심으로 바뀌고 있다. 또한 지역 맛집을 큐레이션 형태로 보여주는 페이스북 페이지는 많지만 특정 카페의 페이스북 페이지가 다수의 팬층을 확보한 사례는 많지 않다.

◀ 인스타그램에서 주목받고 있는 한 카페

김포 중심지에서도 한참 떨어진 곳에 위치한 카페 진정성(밀크티로 인스타그램에서 유명해진 카페), 1천여 건이 넘는 인스타그램 후기로 망원동 핫플레이스가 된 카페 자판기(핑크색 자판기로 만들어진 문으로 유명해진 카페) 등 프랜차이즈도 아닌 단독 카페가 이처럼 주목받았던 적은 없다. 이는 사진과 검색이라는 특성을 지닌 인스타그램이라 가능한 일이었다.

핑크색 자판기 문으로 유명해진 카페의 경우 이런 트렌드에 맞춰 인스타그램을 잘 공략했다고 볼 수 있다. 이 카페에 방문하면 대부분 자판기를 배경으로 사진을 찍는다. 찍고 싶은 인테리어를 배경으로 촬영된 이미지는 자발적으로 인스타그램에 공유되고, 이 콘텐츠들은 '#○○지역카페'라는 해시태그 검색을 통해 다른 사람들에게 발견될 것이다.

카페나 외식업을 운영하고 있다면 '찍고' '올리고' '발견되고' 패턴을 만들어야 인스타그램을 통한 사람들의 자발적인 홍보를 기대할 수 있다.

온라인 의류 쇼핑몰: 입고 싶다

의류의 경우 이미지 자체가 정보가 되는 가장 대표적인 사례이다. 인스타그램의 노출 방식은 의류 쇼핑몰에 아주 적합하다.

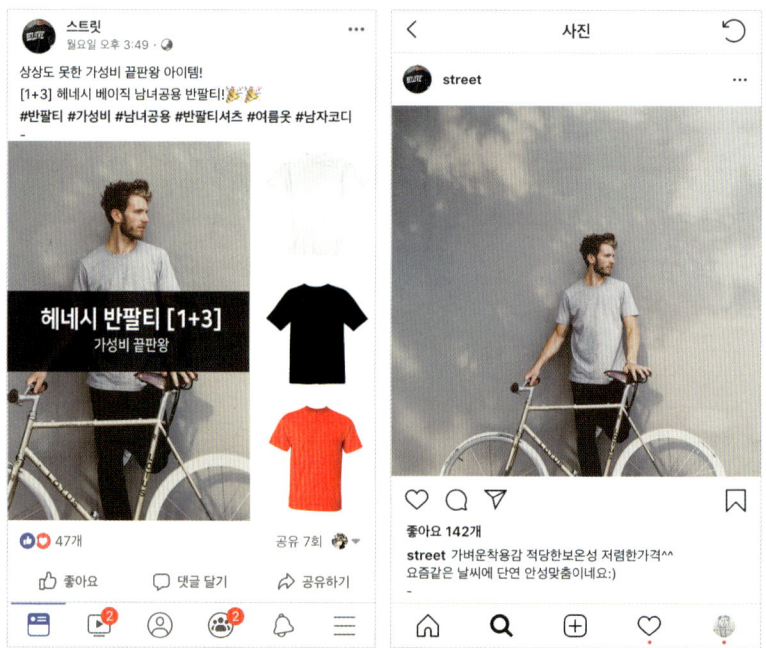

▲ 한 온라인 의류 쇼핑몰의 페이스북(좌)과 인스타그램(우)의 콘텐츠

의류 쇼핑몰의 페이스북 콘텐츠는 이미지 위에 제품의 특징을 글로 작성한 카드뉴스 타입이 많으며, 여러 장의 카드뉴스를 보면서 제품에 대한 정보를 파악할 수 있다. 그에 반해 인스타그램은 이미지와 글을 분리해서 업로드한다. 제품을 착용한 멋진 사진을 업로드하고 제품에 대한 자세한 설명은 주로 캡션 영역에 작성한다. '입고 싶다'를 자극하는 이미지를 보고 손가락을 멈춘 고객은 그 옷을 입은 본인의 모습을 잠깐 상상한 뒤 게시물의 '더 보기'를 누르고 제품에 대한 설명을 읽거나 해당 계정으로 이동해 다른 제품을 탐색하게 된다.

'갖고 싶다'라는 특징은 설명에 한계가 있는 영역이다. 이미지를 보는 것만으로도 욕망을 자극할 수 있어야 하기 때문에 특정된 몇 가지 기준으로 설명하기 어렵다. 다만 무언가를 설명하려는 노력에 앞서 고객이 좋아하는 브랜드의 특징을 이미지로 표현할 수 있다면 '갖고 싶다'를 자극할 수 있을 것이다. 만약 이미지로 표현하기 어려운 장점만 있다면 카페 자판기와 같이 비주얼적으로 임팩트를 줄 수 있는 메뉴나 제품을 만드는 것도 방법이 될 수 있다.

흥미, 유익, 그리고 사람

콘텐츠의 주 역할은 정보를 전달하는 일이다. 인스타그램도 마찬가지이다. 예쁜 얼굴과 멋진 몸매를 가진 사람의 계정이 주목받기도 하지만 유익한 정보를 전달해주는 계정 역시 많은 사람이 좋아하고 구독한다.

필자는 인스타그램 콘텐츠를 만들 때 해당 콘텐츠가 흥미로운지 또는 유익한 것인지를 중점적으로 살펴본다. 손가락을 멈추기 위해서는 재미, 공감, 새로움 등 흥미로운 요소가 있어야 하며 구독하고 싶은 마음이 들게 하려면 도움이 되는 정보가 있어야 한다. 이런 종류의 콘텐츠들은 친구를 소환하거나 좋아요, 댓글 등을 통한 참여 동기가 확실하다. 그리고 이런 반응으로 인해 내 콘텐츠가 인스타그램에서 확산의 기회를 얻기도 한다.

흥미로운 콘텐츠: 재미, 공감, 새로움
인스타그램에서 주로 소비되는 흥미로운 콘텐츠를 보면 '재미', '공감', '새로움'이라는 특징이 있다. 재미있는 포인트를 가지고 있거나 공감이나 감동을 주는 문구가 포함되거나 기존에 보지 못했던 새로운 외형을 가지고 있는 경우 사용자의 선택을 받는다.

◀ 재미를 보여주는 흥미로운 콘텐츠

가짜 동영상 재생 버튼을 이미지 위에 디자인한 콘텐츠의 사례를 보자. 실제로는 재생이 되지 않는 이미지이다. 당시 '재생되는 줄 알고 한참 기다렸다', '오류인가요?', '재생이 안 돼요' 등 다양한 반응과 함께 친구의 재미있는 반응을 확인하기 위해 친구를 소환하는 등 확산의 기회까지 얻었다.

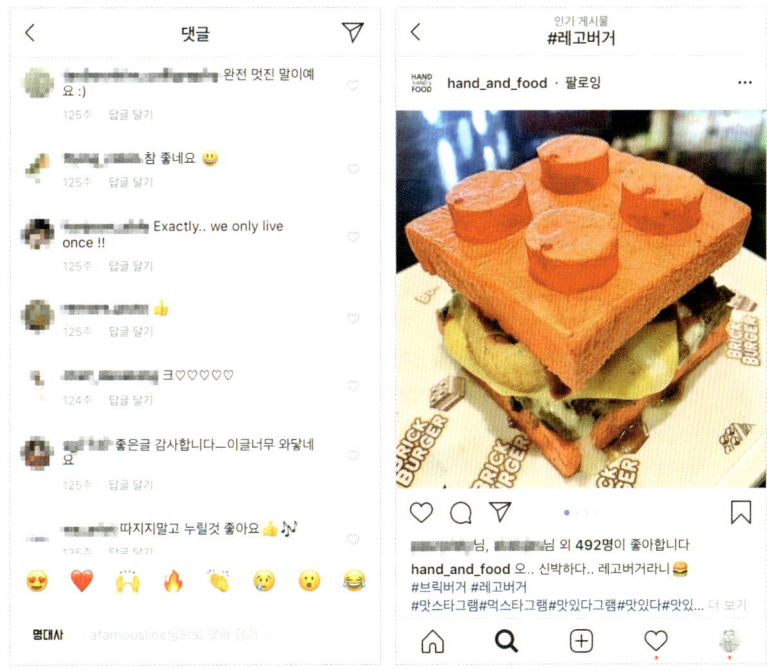

▲ 공감(좌)과 새로움(우)을 주는 흥미로운 콘텐츠

이외에도 필자가 운영하는 감동적인 글귀를 공유하는 계정의 게시물이나 햄버거 모양을 레고 블록으로 만든 햄버거 매장의 콘텐츠와 같이 공감 및 새로움을 주는 게시물은 대체로 반응이 높은 편이다. 그리고 좋아요를 누르는 것에서 끝나지 않고 인스타그램 친구를 소환하거나 댓글을 다는 등 2차, 3차 반응으로도 연결된다.

유익한 콘텐츠: 사례, 간접 경험

정보성 콘텐츠는 SNS에서 가장 일반적인 콘텐츠 형태이다. 만약 당신의 비즈니스가 이미지만으로도 정보가 되는 카테고리에 있다면 관련 이미지를 모아서 소개해주는 것만으로 높은 반응을 기대할 수 있다.

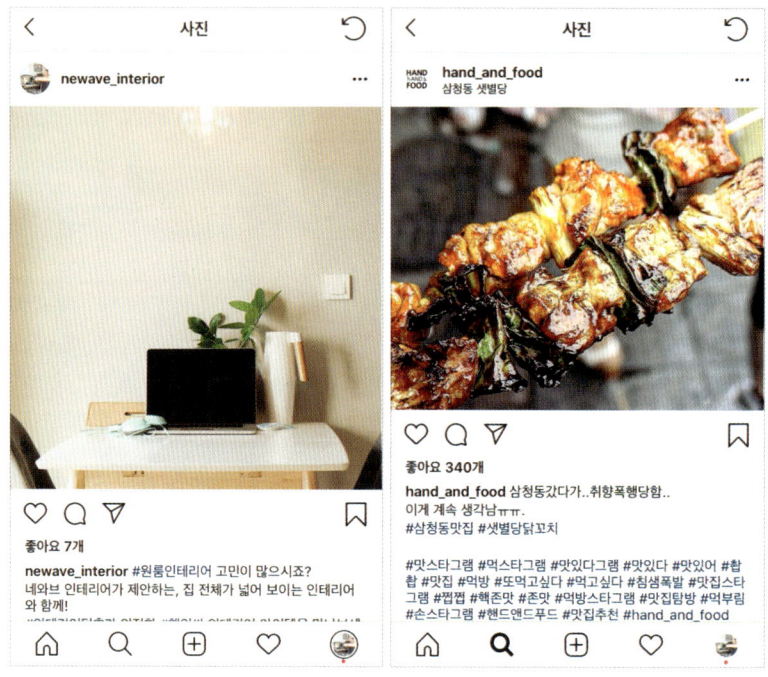

▲ 실제 후기(좌)와 간접 경험(우)을 통해 정보를 제공하는 유익한 콘텐츠

　원룸 인테리어만을 소개해주는 경우 인스타그램에 업로드된 고객 후기를 모아서 보여주는 방식으로 콘텐츠 제작 효율성이 높아질 뿐만 아니라 많은 반응을 불러일으킬 수 있다. 이는 기존 이미지를 모아 정보성 콘텐츠로 보여주는 대표적인 사례이다. 이런 콘텐츠는 직접 꾸미지 않아도 만들 수 있다. 이미 본인의 원룸 인테리어를 인스타그램에 공유한 사용자에게 해당 이미지의 사용 허락을 받고 콘텐츠로

구성하면 되기 때문에 시간 대비 효율이 좋은 콘텐츠 제작 방식이다.

    음식 사진을 소개해주는 경우 계정 운영자가 직접 경험하거나 특이한 음식을 모아서 공유할 수 있다. 이런 간접 경험을 통해 정보를 제공하는 방식으로 게시물마다 다수의 좋아요와 댓글, 친구 소환을 확인할 수 있으며, 경험하기 어려운 특이한 음식을 소개함으로써 높은 반응을 얻을 수 있다.

가장 좋은 콘텐츠: 사람

인스타그램 사용자는 일상을 가볍게 찍어서 공유하는 데 익숙하다. 그리고 평소 좋아했던 연예인이나 유명인의 일상 콘텐츠를 소비하기도 한다.

◀ 퍼스널 브랜딩을 목적으로 한 계정

사람이 콘텐츠가 되면 가장 좋은 점은 카테고리의 제약을 비교적 덜 받는다는 것이다. 비교적 콘텐츠 제작이 쉬운 음식, 패션, 뷰티, 여행 외의 의료 서비스, 강의, 컨설턴트 등 시각적으로 표현하기 어려운 카테고리도 사람이 피사체로 등장하면 좀 더 쉽게 콘텐츠를 제작할 수 있다.

음식을 먹는 모습이나 옷을 입고 있는 순간을 포착하거나 시각적으로 표현하기 어려운 서비스 카테고리는 퍼스널 브랜딩(개인 브랜딩)을 목적으로 인스타그램을 활용할 수 있다. 무조건적인 제품 홍보보다 상대적으로 높은 반응을 보이는 방식이다. 교육이나 의료, 컨설팅 등 서비스를 시각화하기 어려운 업종이라면 강사나 의사, 컨설턴트가 직접 콘텐츠가 되어야 한다. 개인에 대한 신뢰도를 높이는 방법으로 브랜드와 서비스를 알리는 것이다. 예를 들어 계정의 팔로워가 치료나 교육에 대한 고민이 생기면 그동안 인스타그램을 통해 친숙하게 봐왔던 당신에게 댓글이나 DM(다이렉트 메시지) 등을 활용해서 문의를 할 가능성이 높아진다.

UGC 활용하기

인스타그램 콘텐츠를 만드는 방식 중 비용 대비 효율이 높은 방법을 알아보자. 본격적인 설명에 앞서 UGC User-Generated Contents에 대해서 먼저 알아볼 필요가 있다. UGC는 사용자가 직접 생산한 콘텐츠를 말하는데 이 개념은 UCC User-Created Contents와 비슷하다. 차이점이라면 UGC는 기존의 UCC에 비해 좀 더 전문적인 창작자가 만든 결과물 정도라고 생각하면 된다.

한 인테리어 업체의 인스타그램 게시물을 예로 보자.

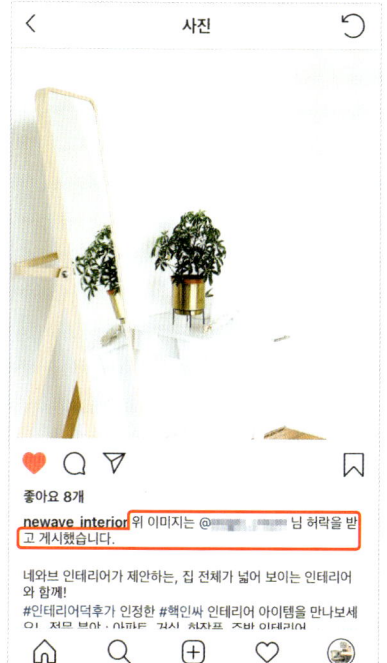

◀ 고객 콘텐츠 UGC 활용 사례

　게시물 캡션 영역을 보면 '위 이미지는 @oo 님 허락을 받고 게시했습니다.'라는 콘텐츠 제공에 대한 안내가 나와 있다. 이런 방식으로 고객이나 인플루언서가 제작한 콘텐츠를 브랜드 계정의 콘텐츠로 활용하는 방식을 UGC라고 부른다.

　인스타그램에서 UGC가 중요한 이유는 높은 수준의 이미지 또는 동영상을 직접 제작하고 생산하는 사용자의 콘텐츠를 비용을 지불하고 브랜드의 콘텐츠로 활용할 수 있기 때문이다. 상황에 따라 무상으로 활용도 가능하다. 콘텐츠를 직접 제작할 수 없는 상황이거나 여건이 안 될 경우 인스타그램에서 활동하는 인플루언서에게 제품을 제공하고 원하는 이미지 가이드를 제안하기만 하면 된다.

　이 방법은 한 번에 두 가지 목적을 달성할 수 있기 때문에 고려할

만 하다. 첫 번째로 인플루언서가 보유하고 있는 팔로워에게 제품을 알릴 수 있고, 두 번째로 그들이 만든 콘텐츠를 당신의 계정으로 가져와 브랜드 콘텐츠로 활용할 수 있다. 만약 콘텐츠를 직접 제작할 수 없는 상황이라면 UGC 방식을 활용해서 콘텐츠를 확보하는 것이 현명한 선택일 수 있다.

◀ 블로그 체험단 UGC 활용 사례

가성비가 좋은 콘텐츠 수급의 또 다른 방법도 있다. 네이버 등에서 활동하는 블로거에게 제품을 지원하고 포스팅을 의뢰하는 블로그 체험단을 활용하는 것이다. 대부분의 블로거는 콘텐츠 제작을 목적으로 한 카메라를 보유하고 있다. 사진 찍는 기술도 뛰어난 편이다. 이들을 활용해 블로그 콘텐츠 제작을 의뢰하고 사전 협의를 통해 콘텐츠에 들어간 이미지를 제공받아 인스타그램 콘텐츠로 활용하는 것이다. 물론 사전 협의를 통해 별도의 비용 및 조건을 결정한 뒤 사용해야 한다.

　이 방법 역시 두 가지 목적을 달성할 수 있다. 첫 번째로 높은 수준의 사진 콘텐츠를 제공받을 수 있고, 두 번째로 네이버 검색 결과에 블로그 콘텐츠를 노출시킬 수 있다. 예를 들어 인스타그램을 통해서 당신의 브랜드를 알게 된 고객이 좀 더 자세한 정보를 얻고 싶어서 네이버에서 검색한다면 이미 작성된 블로그 콘텐츠를 추가로 노출시킬 수 있는 것이다. 이는 인스타그램과 네이버 모두를 효율적으로 공략할 수 있는 방법으로 두 영역 모두에서 콘테츠를 노출시키고 싶다면 활용해보길 바란다.

쉽게 발견되는 콘텐츠 제작하기

높은 퀄리티의 이미지를 만들어주는 인스타그램 내부 기능과 앱에 대해 알아보자. 몇 번의 설정만으로 디지털카메라로 찍은 듯한 결과물을 만드는 방법부터 앱스토어에서 판매되는 무료 또는 가성비 좋은 앱에 대해 다루겠다. 참고로 소개하는 서비스는 대부분 무료로 사용할 수 있으며, 별도 결제를 통해 추가 서비스를 이용할 수 있다.

인스타그램 필터 트렌드의 변화

인스타그램 탄생이 사진 필터 앱이었다는 점을 아는 사람은 많지 않다. 초기의 사진 필터 앱에서 사각형의 스퀘어로 촬영된 사진을 서로 공유하는 SNS 기능이 합쳐지면서 지금의 모습으로 발전했다.

   지금도 인스타그램 안에는 다양한 사진 필터가 있으며, 1~2년에 한 번씩 새로운 필터가 추가되고 현재는 약 40종이 넘는 필터를 사용할 수 있다. 예전에 많이 사용하던 필터와 새롭게 추가된 필터의 특징을 확인해보면 시간의 흐름에 따른 필터 트렌드를 알 수 있다. 이를 파악하면 필터 선택에 조금이나마 도움이 될 것이다.

▲ 인스타그램 '필터' 기능   ▲ Sierra 필터를 적용한 이미지

　인스타그램 필터는 저화질 사진을 보다 아름답고 감성적으로 만드는 데 주력했던 초기를 지나 스마트폰 카메라 기술이 발전하면서 고화질 사진을 더욱 선명하게 강조해서 보여주는 방식으로 트렌드가 변화하고 있다.

　Sierra, Valencia, Hudson, Amaro와 같이 사진 주변에 음영을 주거나 특정 컬러와 분위기로 바꿔주는 감성적인 필터는 인스타그램 초기에 사용자에게 가장 많이 선택됐다. 하지만 이런 필터들이 적용된 사진은 현재 거의 찾아볼 수 없다. 만약 앞서 언급한 감성적인 필터를 지금 사용한다면 조금은 촌스럽고 트렌디하지 못한 결과물을 확인하게 될 것이다.

　최근에는 감성적인 필터보다 사진을 더욱 선명하게 바꿔주는 필터가 많은 사용자에게 선택되고 있다. Clarendon 필터는 2017년부터 꾸준히 사랑받기 시작해서 2018년 상반기까지 전체 필터 중 사용량 1위를 차지했다.

◀ Clarendon 필터를 적용한 이미지

　비교적 사진 원본을 덜 손상시키고 화질을 올려주는 이런 필터는 Clarendon 외에도 Lark, Juno, Ludwig 등이 있다. 이 필터들은 필터 사용량 순위에서 5위권 안에 꾸준히 들고 있다.
　인스타그램 사용자의 선택을 많이 받는다는 것은 해당 필터의 분위기를 좋아하는 사람이 많다는 걸 의미하기 때문에 이미지를 보정하는 등의 제작을 할 때 사용자의 선택을 많이 받은 상위권 필터 사용을 고려해보길 바란다. 인스타그램 사용자의 좋아요 및 댓글 반응을 불러일으킬 수 있을 것이다.

수정 기능을 통한 고퀄리티 이미지 제작 방법

인스타그램은 필터 기능 이외에 맞춤 수정도 가능하다. 필터를 적용하는 화면을 보면 [필터] 옆에 [수정] 버튼이 있다. 이를 클릭하면 사진을 다양하게 조정할 수 있는 '조정', '밝기', '채도', '구조', '선명하게' 등의 항목들이 나온다.

◀ 인스타그램 '수정' 기능

  수정 영역의 기능을 활용해 내가 원하는 분위기의 사진을 연출할 수 있다. 다만 처음 사용한다면 설정 항목에 대한 이해와 경험이 부족하기 때문에 '밝기', '채도', '구조', '선명하게' 항목을 우선 사용해보길 바란다. 이 기능을 잘 사용하면 전문가가 찍은 듯한 고퀄리티의 사진 연출도 가능하다. 수정 영역은 '밝기', '대비', '온도', '채도', '색', '흐리게', '미니어쳐' 등이 있으며 다음의 표와 같이 정리할 수 있다.

아이콘	명칭	설명
	조정	사진의 상하/좌우 시점을 변경합니다.
	밝기	사진을 밝거나 어둡게 조정합니다.
	대비	사진의 밝은 영역은 더 밝게, 어두운 영역은 더 어둡게 조정합니다.
	구조	사진의 세밀한 느낌과 질감을 강조합니다.
	온도	사진의 색상을 따뜻한 주황색 톤이나 차가운 파란색 톤으로 바꿉니다.
	채도	이미지의 색상 강도를 높이거나 낮춥니다(예: 빨강을 더 빨갛게 조정).
	색	사진의 그림자나 하이라이트에 색(노랑, 주황, 빨강, 분홍, 보라, 파랑, 청록 또는 녹색)을 더합니다. 사용할 색상을 두 번 눌러서 색상의 강도를 조정합니다.
	흐리게	사진에 바랜듯한 효과를 줍니다.
	하이라이트	이미지의 밝은 영역으로 초점을 조정합니다.
	그림자	이미지의 어두운 영역으로 초점을 조정합니다.
	배경 흐리게	사진의 가장자리를 어둡게 만듭니다. 배경 흐리게를 추가하면 사진의 가장자리에서 중심부로 시선이 주목됩니다.
	선명하게	사진에 경쾌함을 더하고 사진을 더 선명하게 만듭니다.
	미니어처	심도를 얕게 설정하거나 배경에 있는 물체에 초점을 맞춰 전경을 흐리게 만들고 전경에 있는 물체에 초점을 맞춰 배경을 흐리게 만듭니다.

하지만 이런 기능이 빛을 보기 위해서는 원본 사진 자체의 퀄리티가 어느 정도 보장되어야 한다. 원본 사진의 퀄리티를 위해 꼭 고려되어야 하는 점은 무엇이 있는지 알아보자.

사진의 느낌이 달라지는 구도

인물, 음식, 풍경 등을 카메라에 담을 때 구도(그리드)를 맞춰서 찍는 것과 구도를 신경 쓰지 않고 그냥 찍는 사진의 퀄리티 차이는 크다. 사진의 구도를 잡기 위해서는 기준이 필요한데 이때 활용되는 기능이 화면 그리드이다. 대부분 스마트폰 카메라 설정에는 그리드를 활성화시키는 기능이 있으며 사진을 찍기 전 미리 이 기능을 켜놓고 시작해야 한다.

◀ 그리드를 적용한 카메라 화면

그러나 그리드 기능을 활성화시켰다고 해도 카메라 구도에 대한 이해나 경험이 없다면 촬영에 어려움을 겪게 된다. 지금부터 인물, 풍경, 음식을 기준으로 인스타그램 사용자가 좋아하는 몇 가지 구도를 알려주겠다.

머리부터 발끝까지 전체 모습을 모두 카메라에 담고 싶다면 발은 하단에 최대한 맞추고 얼굴은 화면 가운데 오도록 찍는다. 이런 구도로 촬영된 사진은 전체적인 비율이 좋게 나온다. 만약 상반신(미들샷 포함)만 찍고 싶다면 얼굴은 되도록 정면으로 하고 몸은 45도 각도로 하면 구도를 신경 쓰지 않고 상반신만 찍는 것보다 좀 더 분위기 있는 구도가 나온다. 이때 화면 위치는 좌측 또는 우측의 3분의 1 지점에 위치하도록 한다. 마지막으로 앉아서 찍는 사진은 계단이나 의자에 걸쳐 앉아서 찍으면 다리가 길게 나온다. 이때도 정면보다는 45도 각도에서 촬영할 것을 추천한다.

풍경 사진을 찍을 때는 수평 구도로 하늘과 땅, 바다, 건물 등을 활용해 화면을 위아래로 분할하는 방식을 많이 사용한다. 하늘, 바다 등을 풍경으로 찍었을 경우 여백 역할을 하는 하늘에 작은 글씨를 넣어 올리는 경우도 있다. 이는 인스타그램 감성을 그대로 전달할 수 있기 때문에 많은 사용자가 활용하기도 한다. 여행을 가면 도로가 산책길, 동네 길목 등의 풍경을 촬영하는 경우가 있는데 이때는 특별한 시점을 잡고 촬영을 하면 된다. 길 끝 지점이 한 점으로 모이는 구도로 찍으면 분위기 있는 멋스러운 사진이 된다. 마지막으로 단일 피사체인 사람이나 건물, 나무 등을 풍경으로 찍을 때를 보자. 위아래로 3분할된 영역의 3분의 1 지점에 단일 피사체를 위치시키면 멋진 구도의 사진이 나올 수 있다.

❶ 전체 모습으로 인물 사진 찍는 법
❷ 상반신(미들샷 포함)만 인물 사진 찍는 법
❸ 앉은 모습으로 인물 사진 찍는 법

Chapter 1 발견, 어떻게 하면 쉽게 발견될까? | 51

❶ 수평 구도로 풍경 사진 찍는 법
❷ 도로 등의 풍경 사진 찍는 법
❸ 단일 피사체로 풍경 사진 찍는 법

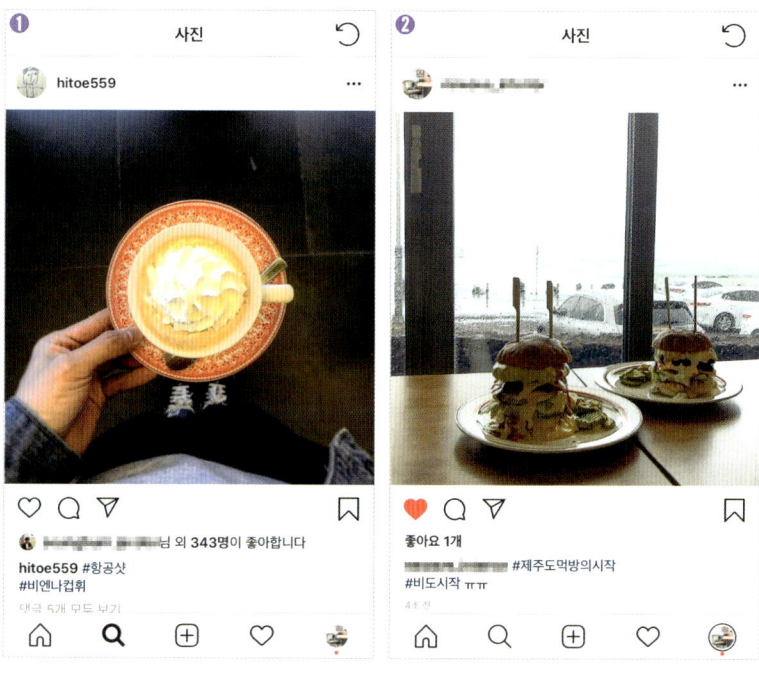

❶ 하이 앵글로 음식 사진 찍는 법
❷ 수평 앵글로 음식 사진 찍는 법
❸ 손으로 들고 음식 사진 찍는 법

인스타그램 사용자가 많아지면서 음식점을 방문하면 음식을 사진으로 찍는 모습이 자주 보인다. 이때 가장 많이 찍는 방법이 위에서 아래로 찍는 하이 앵글이다. 하이 앵글은 인스타그램 사용자가 자주 활용하는 구도로 촬영 시 메인 음식을 가운데 두고 다른 음식이나 접시 등이 잘려진 상태로 촬영하는 것이다. 팁이 있다면 메인 음식을 가운데 놓고 서브 메뉴나 개인 접시로 주변을 채워 촬영하면 꽤 멋진 음식 사진을 연출할 수 있다.

카페에서 커피, 차 등을 촬영할 때는 주로 수평 구도로 촬영하며 배경은 아웃 포커스(중심 피사체 이외에 뒤 배경은 흐리게 보이는 방식)를 적용한다. 최신 스마트폰은 대부분 아웃 포커스 기능을 갖추고 있지만 이 기능이 지원되지 않는다면 앞으로 소개할 사진 앱 중 하나인 할라이드를 선택하길 바란다.

끝으로 인스타그램에서 가장 자주 목격되는 구도인 손으로 들고 찍는 방법이다. 이 구도는 인스타그램에 의해서 생긴 구도라고 생각해도 될 정도로 인스타그램에서 많이 활용되는 방식이다. 한 손에 들기 쉬운 커피나 간식거리 등을 촬영할 때 손으로 들고 찍는 이 구도를 추천한다.

지금까지 소개한 구도 외에도 다양한 촬영 구도가 있지만 가장 대표적으로 많이 활용되는 구도만 소개했다. 스마트폰이 보급되면서 사진에 대한 접근성이 높아졌고 일반인도 사진을 전문가처럼 잘 찍고 싶다는 욕구가 높아지면서 스마트폰으로 잘 찍는 방법에 대한 콘텐츠가 많이 있다. 사진 구도에 대해서 더 궁금하다면 네이버나 유튜브에서 '사진 구도', '사진 잘 찍는 법' 등의 키워드로 검색하면 필요한 내용을 찾을 수 있을 것이다.

사진의 품질이 달라지는 자연광

구도에 대해 어느 정도 이해가 되었다면 그다음으로 자연광에 신경을 써야 한다. 카메라는 빛을 담아내는 양에 따라서 사진의 품질이 달라진다. 특히 밝은 자연광에서 촬영된 사진은 대부분 퀄리티가 좋다.

실내에서 촬영해야 한다면 햇빛이 드리우는 창문 주변에서 촬영을 진행하는 것이 좋고, 실외에서는 오전 8시부터 오후 4시에 촬영하면 자연광을 가장 잘 활용할 수 있다. 자연광을 사용할 수 없는 경우에는 지속광을 지원하는 조명 등을 활용하면 되는데, 네이버 등에서 검색하면 다양한 상품을 볼 수 있다. 물론 최대한 자연광으로 촬영할 것을 추천한다.

인스타그램 이미지 및 동영상 해상도

강의를 진행하다 보면 사진 해상도에 대한 질문을 많이 듣는다. 정확히 말하자면 디지털카메라로 촬영하는 것과 스마트폰으로 촬영하는 것의 차이는 무엇인지에 대한 문의이다. 사실 DSLR 등으로 촬영한 사진의 퀄리티가 스마트폰보다 좋을 수밖에 없다. 다만 인스타그램이 지원하는 이미지 및 동영상 해상도를 기준으로 본다면 스마트폰만으로도 충분히 고해상도의 사진 촬영이 가능하다.

인스타그램은 정사각형 프레임 이미지 기준으로 최대 1080픽셀의 해상도를 지원한다. 시중에 나온 대부분의 스마트폰 카메라는 이 기준을 훨씬 뛰어넘는 해상도를 지원하기 때문에 별도의 디지털카메라가 꼭 필요한 것은 아니다. 3000픽셀이 넘는 이미지로 촬영해서 인스타그램에 올린다고 해도 1080픽셀로 줄여서 업로드되기 때문에 스마트폰으로도 충분하다.

TIP

인스타그램에서 지원하는 이미지 및 동영상 해상도

- 프로필 사이즈(단위: 픽셀)

150×150
(최소 사이즈)

- 동영상 스펙
  파일 크기: 최대 4GB
  화면 비율: 정사각형 1:1 / 가로형 1.91 : 1 / 세로형 4:5

- 이미지 사이즈

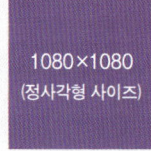

1080×1080
(정사각형 사이즈)

1080×566
(가로형 사이즈)

1080×1350
(세로형 사이즈)

- 스토리 스펙

1080×1920
(세로형 사이즈)

파일 크기: 최대 4GB(동영상) / 30MB(사진)
화면 비율: 정사각형 1:1 / 가로형 1.91 : 1 / 세로형 4:5
파일 형식: mp4 또는 mov(동영상) / jpg 또는 png(사진)
동영상 길이: 최대 15초 / 이미지는 5초 동안 노출
사이즈: 1080x1920(최소 600x1067)

사진과 동영상 편집 앱

인스타그램이 제공하는 사진 필터 및 수정 기능이 아니라 남들과 다른 느낌의 사진을 연출하고 싶다면 이번에 소개할 앱에 주목하자. 인스타그램 콘텐츠 제작은 촬영, 보정, 편집 작업이 필요한데 지금부터 설명할 앱을 활용하면 일반인도 비교적 쉽게 높은 수준의 결과물을 제작할 수 있다.

전문가 못지 않은 촬영이 가능한 촬영 앱

사진과 동영상에서 좋은 결과물을 얻기 위해서는 그만큼 신경을 써야 한다.

▲ 사진 촬영 앱 할라이드(좌)와 필믹 프로(우)

필자는 사진을 촬영할 때는 할라이드Halide를 사용하고 있다. 아이폰 전용 앱인 할라이드는 애플의 앱스토어에서 구매할 수 있으며 간단한 터치만으로도 초점, 노출, ISO, AF 등 디지털카메라에서 지원하는 기능을 사용할 수 있다. 특히 용량 등을 이유로 저장 시 원본 이미지의 손실을 주는 JPEG 이외에도 원본을 그대로 보존해주는 RAW로 촬영이 가능한 점은 사진 편집 단계에서 장점이 되는 특징이다. 원본 사진을 그대로 유지한 상태에서 편집을 진행할 수 있어 디테일한 설정이 가능하기 때문이다. 이런 이유로 전문 사진 작가들도 이 앱을 자주 사용한다.

동영상 촬영 앱인 필믹 프로FilMiC Pro는 안드로이드와 아이폰에서 사용 가능하다. 제품 사용 후기를 보면, 좋은 앱이긴 한데 많은 기능과 설정 값 때문에 초보자가 사용하기엔 부담스럽다는 의견이 있다. 하지만 중급 이상의 사용자는 이 이상의 앱을 찾아보기 힘들다. 필믹 프로는 노출 및 초점을 간단한 터치로 고정할 수 있는 장점이 있다. 보통 촬영하는 사람이 앞뒤로 움직이거나 피사체가 이동하면 초점이나 노출 설정을 다시 해야 하는데 이 기능을 사용하면 그런 수고에서 해방될 수 있다. 이외에도 다양한 해상도와 비율 조정, 손떨림 보정, 노출, 대비, 색 온도 등의 기능을 활용해서 높은 수준의 동영상 원본 제작이 가능하다.

다양한 감성 연출이 가능한 보정 앱

보정의 경우 필터와 함께 세부 항목을 조정할 수 있는 기능을 갖춘 앱을 추천한다.

▲ 국내 이미지 보정 앱 스노우(좌)와 푸디(우)

국내에서는 쉬운 조작에 비해 높은 결과물을 보여주는 앱인 스노우 SNOW와 푸디Foodie 등을 많이 사용한다(안드로이드와 아이폰 모두 사용 가능). 사용법이 쉬운 만큼 초보자에게 추천할 만한 서비스이다. 스노우는 기본적인 필터와 보정 기능 외에도 얼굴 필터 등을 활용해 재미있는 영상 촬영이나 사진 연출이 가능하다. 그리고 푸디는 음식 촬영에 특화된 사진 앱으로 관심받다가 최근에는 풍경, 인물 등 다양한 조건에도 적용이 가능한 필터가 나오면서 전천후 사진 앱으로 주목받고 있다.

좀 더 전문적인 보정을 하고 싶다면 VSCO, 스냅시드Snapseed, 라이트룸Lightroom 등 해외 서비스를 활용해보는 것도 좋다(안드로이드와 아이폰 모두 사용 가능).

▲ 해외 이미지 보정 앱 VSCO(좌), 스냅시드(가운데), 라이트룸(우)

VSCO는 다양한 연출이 가능한 필터를 제공하며, 패션, 인테리어, 인물 등 모든 영역에서 독특한 색감과 감성을 연출한다. 필터와 함께 세부 항목 조정을 활용하면 차별화된 이미지 연출이 가능하다. 앞서 언급한 구도와 자연광에서 촬영된 사진을 VSCO 필터를 선택하는 것만으로도 멋진 사진을 만들 수 있다. 그뿐만 아니라 세부 설정을 할 수 있는 도구를 사용해서 밝기나 톤, 선명도 등을 조정하면 나만의 필터를 만들 수 있다. 해외 유명인이 주로 사용하는 사진 앱이다.

스냅시드와 라이트룸은 사진의 채도, 밝기, 색 보정 등을 지원한다. VSCO가 필터에 특화되어 있다면 스냅시드와 라이트룸은 보정에 특화된 서비스이다. 멋진 배경이나 연출을 통해 촬영된 사진은 대부분 촬영과 후보정을 병행한다. 사진을 촬영한 뒤 포토샵을 활용해서 보정을 하는데 스냅시드와 라이트룸을 활용하면 포토샵의 후보정 기능을 상당수 구현할 수 있다. 붉은 빛이 많이 들어간 사진의 색 보정을 통해 특정(붉은색) 컬러를 뺄 수도 있으며, 사진의 선명도와 밝기를 쉽게 조정할 수 있다. 그뿐만 아니라 특정 필터와 함께 세부 항목을 조정했는데 그 사진의 느낌이 좋다면 해당 값을 저장해 다른 사진에 그대로 적용할 수 있어 나만의 차별화된 필터로 사용할 수 있다. 이 기능은 계정 피드의 콘셉트를 일관되게 유지하는 데 도움을 주며 앞으로 설명할 탐색하고 싶은 피드를 구성하는 데 활용하면 좋다.

빠르고 간편한 편집 서비스

촬영과 보정이 끝난 이미지나 동영상은 그대로 업로드해도 괜찮지만 상황에 따라 문구를 넣거나 레이아웃 편집이 필요한 경우가 있다. 이때 많이 활용하는 서비스가 타일tyle과 캔바Canva이다.

▲ 간편한 편집 서비스 타일(좌)과 캔바(우)

　두 서비스 모두 무료와 유료 템플릿을 포함하고 있으며 카드뉴스를 만들거나 간단한 동영상 편집도 가능하다. 이외에 인스타그램 스토리 편집 템플릿도 제공해 다방면으로 활용할 수 있다.

　소개한 앱 및 서비스는 필자가 사용해보면서 도움을 받았던 것이다. 단 비용이 발생하는 경우가 있기 때문에 이 부분은 꼭 확인을 거친 후 사용할 것을 권한다. 인스타그램 자체 기능과 무료로 사용할 수 있는 서비스 기능만 잘 활용해도 충분히 좋은 결과물을 만들어낼 수 있을 것이다.

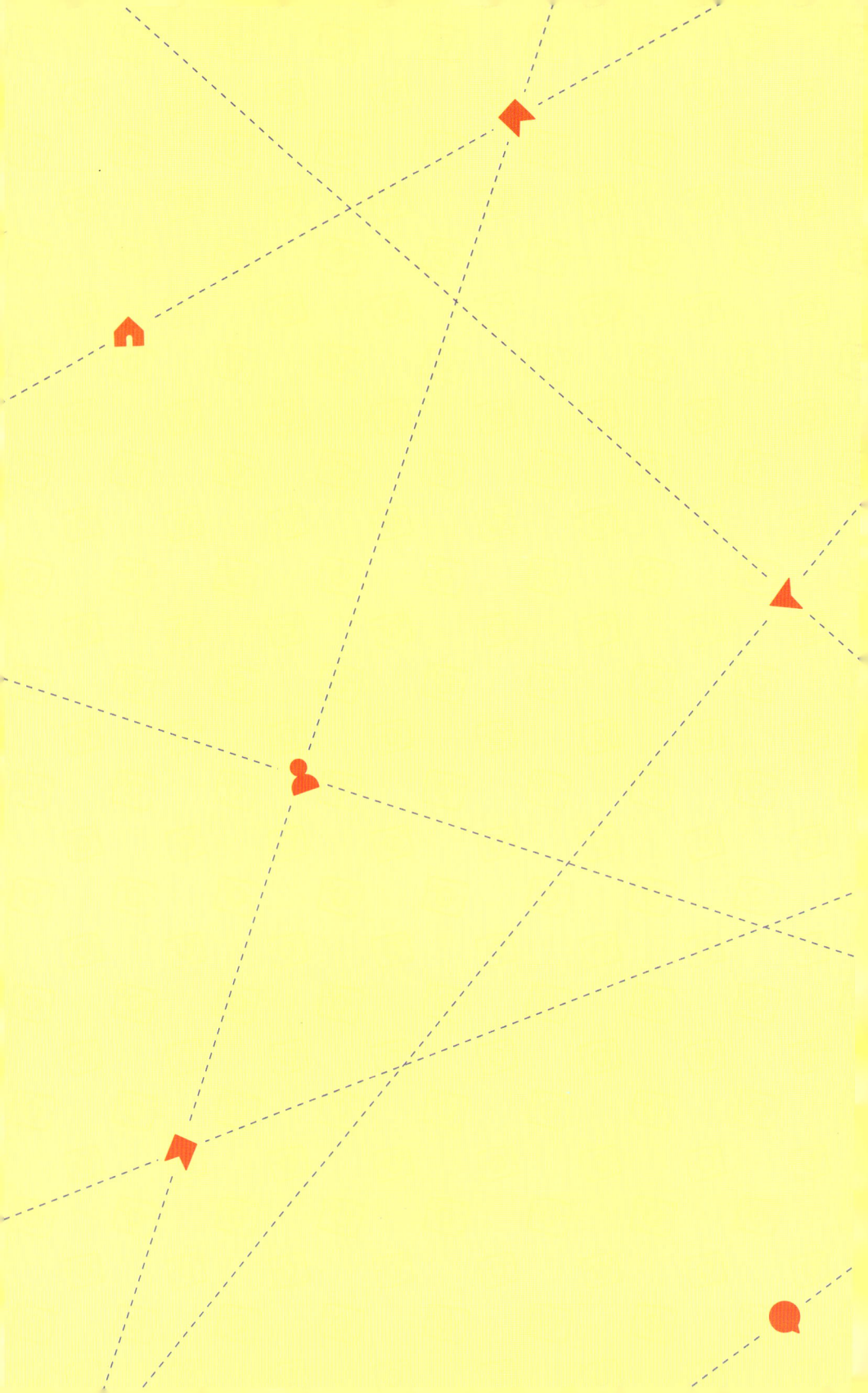

연결,
우리는 어떻게
연결될까?

3세대 버티컬 SNS
인스타그램

이번 장에서는 인스타그램이라는 공간 안에서 어떻게 해야 당신의 브랜드에 관심 있는 대상과 연결될 수 있는지 그 방법을 알아보자. '소셜 큐레이션', '해시태그' 등 서브 키워드에 주목할 필요가 있으며 여러 사례를 통해 설명을 이어가겠다.

페이스북과 인스타그램의 차이는 바로 연결

2018년 기준으로 약 21억 명이 사용하는 페이스북은 사용자가 많아질수록 부작용 또한 늘어났다. 특정 사람과 친구 관계에 있다는 이유만으로 내가 원하지 않은 정보에 노출되고 이를 악용한 사례 또한 심심치 않게 등장했다. 이는 수평적인 관계 기반으로 정보가 확산되는 페이스북이 가진 구조적 한계 때문이다. 남성인 내가 페이스북 친구 중 여성이 공유한 미용 혹은 뷰티 관련 콘텐츠에 노출되거나 내 페이스북 피드에 특정 사람의 정치적 견해나 생각이 여과 없이 보여지기도 한다. 그리고 이런 부작용으로 인해 많은 사용자가 페이스북을 떠나고 있다.

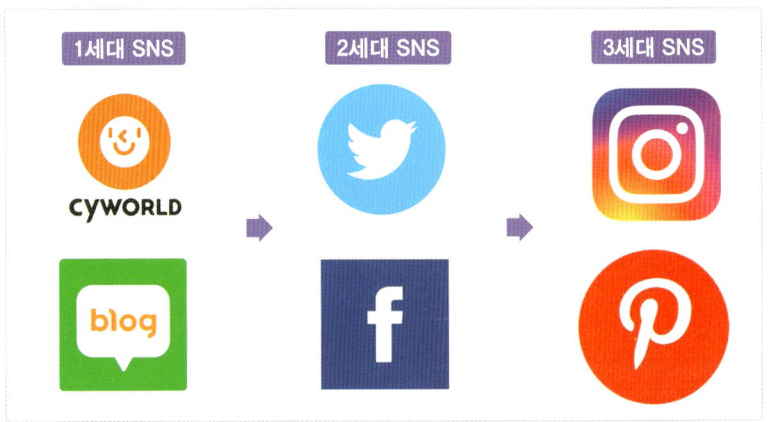

▲ SNS의 트렌드 변화

　우리도 모르는 사이 SNS는 다음 단계로 변화를 꾀하고 있다. 싸이월드, 블로그로 대표되는 1세대 SNS를 지나 트위터, 페이스북을 중심으로 한 2세대 SNS가 등장했으며, 이제는 인스타그램과 핀터레스트가 주도하는 3세대 SNS까지 발전했다. 3세대 SNS는 2세대 SNS인 페이스북의 구조적인 이유로 불편한 상황이 계속되자 내가 원하는 정보만 선택해서 보거나 연결될 수 있는 SNS가 필요해지면서 탄생했다. 이를 일컬어 '3세대 버티컬 SNS'라고 부르기도 한다.

　버티컬 SNS란 "트위터나 페이스북처럼 다양한 정보와 기능을 나열해 보여주거나 공유하는 것과 달리 특정 관심 분야만 공유하는 SNS"(김환표, 《트렌드 지식 사전》, 인물과사상사, 2013)를 말한다. 트위터나 페이스북이 수평적인 관계에 의해 정보가 확산되는 구조라면 인스타그램은 음악, 쇼핑, 패션 등 특정 관심사 아래 사람이 모이는 수직적인 구조인 것이 특징이다.

　관심사를 중심으로 네트워크가 형성되다 보니 개인이 원하는 정보에 자연스럽게 연결될 수 있도록 만드는 것이 인스타그램의 주요 서비스라고 할 수 있다. 그리고 이 연결을 잘해야만 사용자가 커뮤니티를 떠나지 않고 계속 머물게 될 것이다. 우리는 이 점에 주목해야 한다. 인스타그램은 무슨 기준으로 사람과 콘텐츠를 연결시키는지 그리고 그 연결을 통한 네트워크가 어떻게 형성되는지 알 수 있다면 미래의 내 고객을 만날 수 있다.

'연결'은 페이스북과의 차이점을 설명할 수 있는 중요한 개념이다. 페이스북과 다른 인스타그램을 이해해야 실패할 확률 역시 줄어든다. 페이스북은 불특정 다수의 관계에 의해서 콘텐츠가 확산되는 것이 중요한 반면 인스타그램은 관계보다는 주제가 더 중요하다. 검색을 통해 나의 브랜드와 연결될 수도 있고 확산을 통해 주제와 관심사에 부합하는 고객을 만날 수도 있다.

인스타그램이 페이스북과 똑같은 서비스라면 이토록 많은 사람의 선택을 받진 못했을 것이다. 페이스북의 불편한 점을 해소해줬기 때문에 인스타그램을 사용해야 되는 이유가 생겼을 것이고, 그 이유를 활용해야 성공적인 인스타그램 마케팅을 진행할 수 있다.

버티컬 SNS 인스타그램

인스타그램이 버티컬 SNS의 성격을 가지고 있다는 점은 여러 화면을 통해 확인할 수 있다. 가장 대표적으로 인스타그램 내에서 해시태그로 원하는 정보를 검색하는 검색 결과 페이지이다.

'#해외여행'이라는 해시태그를 검색하면 해당 해시태그가 포함된 게시물이 결과 페이지에 보인다. 여행이라는 주제에 관심 있는 사람과 이미 여행을 다녀온 사람의 정보가 '#해외여행'이라는 주제 아래 모이게 되는 것이다.

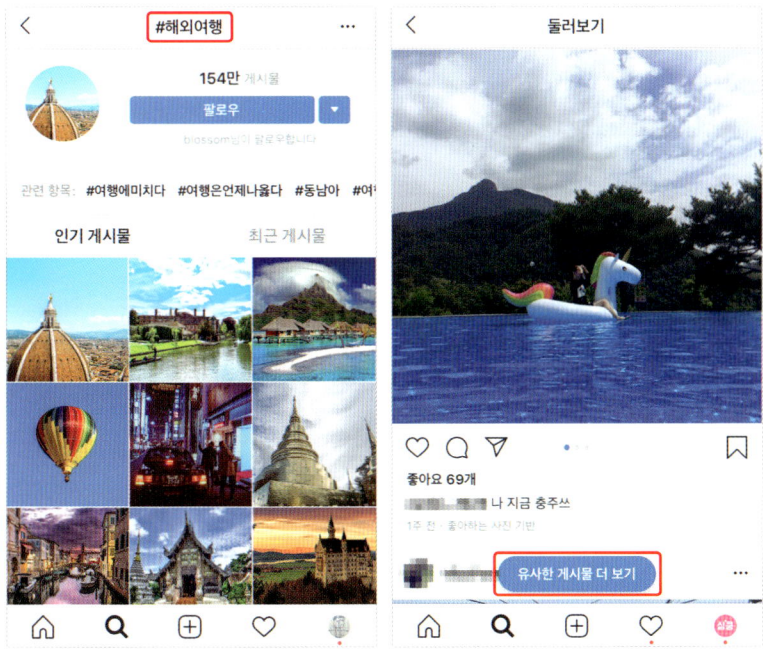

▲ 해시태그 검색 결과(좌)와 유사한 게시물 더 보기(우) 기능

또 다른 사례는 '둘러보기'에 노출되는 콘텐츠 하단의 '유사한 게시물 더 보기' 기능이다. 이 기능은 컬렉션에 저장한 게시물의 성향을 분석해서 이와 유사한 주제의 콘텐츠를 보여주거나 '둘러보기'에서 선택한 게시물과 주제가 비슷한 정보를 제안한다. 이 기능을 통해 내가 원하는 정보를 찾을 수 있고 그와 유사한 게시물이 지속적으로 제안됨으로써 좀 더 오랜 시간을 인스타그램에 머물게 된다.

이런 기능은 계속해서 생겨나고 보완될 것이다. 인스타그램에 접속한 사용자가 떠나지 않고 오랜 시간 머물러야 플랫폼으로서의 영향력이 강화되고 가치 또한 올라가기 때문이다.

'연결'을 이해하기 위한 키워드 '소셜 큐레이션'

'연결'에 대한 특징을 알기 위해서는 '소셜 큐레이션Social Curation'에 대해 명확히 이해할 필요가 있다. 인스타그램을 활용한 광고나 홍보에 실패하는 대부분은 인스타그램을 페이스북처럼 대하는 태도에 있다. 두 SNS의 차이를 이해하지 못하면 그 활용에 어려움을 겪을 수밖에 없다. 지금부터 설명할 소셜 큐레이션은 연결에 대한 이해를 돕기 위한 첫 번째 키워드이며, 인스타그램 이해를 위한 중요한 대목이니 집중해서 보길 바란다.

소셜 큐레이션 서비스

소셜 큐레이션은 관계를 의미하는 소셜Social과 미술관 큐레이터에서 파생한 큐레이션Curation의 합성어이다. 인스타그램 안에서 만들어진 시각화된 콘텐츠를 공유하는 소셜 네트워크 기능과 함께 미술관에서 주제에 맞춰 작품을 선정하고 수집·전시하는 큐레이터Curator 역할이 합쳐진 서비스라고 생각하면 쉽다.

 이는 관계와 관심사에 의해서 콘텐츠를 선별하고 제공하는 서비스를 의미하는 것으로, 인스타그램 알고리즘의 기반이 된다. 내가 맺고 있는 관계에 따라 그 사람이 반응하는 콘텐츠가 내 피드에 보여지거나 좋아하는 관심사와 부합되는 콘텐츠가 사람과 연결되도록 만들어 주는 것이다. 쉽게 말해서 음식에 관심 있는 사람에게는 음식 관련 콘텐츠와 연결시켜주고, 옷에 관심 있는 사람에게는 패션 콘텐츠와 연결시켜주는 것이다.

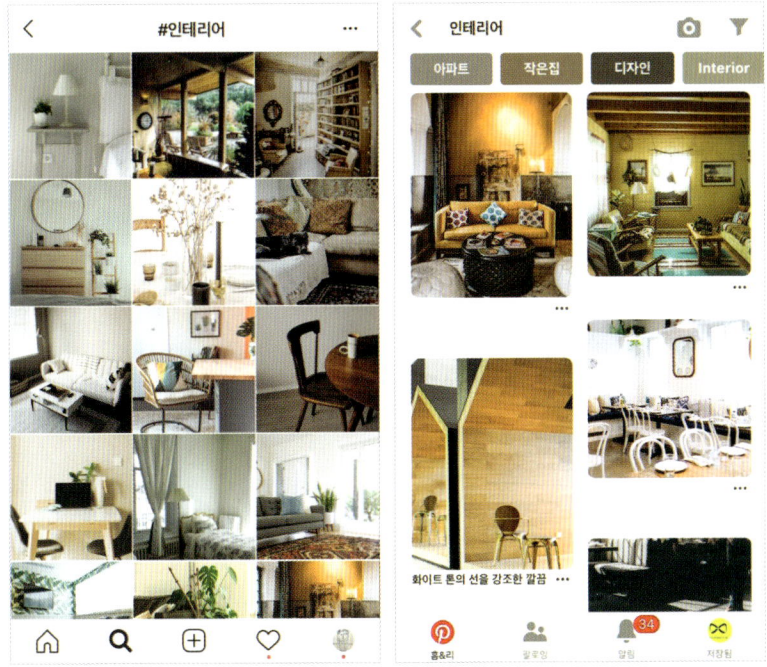

▲ 소셜 큐레이션 기반 SNS 인스타그램(좌)과 핀터레스트(우)

인스타그램의 소셜 큐레이션이란 사용자가 원하는 관심사를 찾아서 보여주는 데 그 목적이 있다. 이를 잘 구현하기 위해서는 사용자의 관심사를 파악하는 것과 그 관심사에 부합하는 콘텐츠를 나눠 보여주는 작업이 필요하다. 그래야만 사용자가 이탈하지 않고 커뮤니티에 계속 머물기 때문이다. 이런 서비스는 사용자의 관심사에 맞춰 적절하게 콘텐츠를 보여줘야 하는데 이를 위해선 사용자의 관계와 행동 데이터가 필요하다.

2018년 기준으로 인스타그램의 월간활동사용자는 10억 명이 넘었고, 국내만 해도 1천만 명이 넘는 사용자가 있다. 이 사용자와 하루 약 9500만 장이 넘게 올라오는 것으로 추정되는 콘텐츠를 선별하고 연결하는 것이 인스타그램의 주요 역할이다.

인스타그램은 사용자에게 늘 새롭고, 재미있는 내용을 계속해서 보여줘 사용자가 인스타그램을 오랜 시간 머물도록 한다. 하지만 소셜 큐레이션 운영을 위한 내부 알고리즘을 상세히 알려주지 않고 있으며, 앞으로도 알고리즘의 대부분을 공개하지 않을 것이다.

다만 약간의 힌트가 될 수 있는 내용이 있다. 2018년 6월 인스타그램의 상품 책임자인 줄리언 굿맨은 인스타그램 알고리즘 발표에서 인스타그램 피드를 구성하는 주요 알고리즘으로 '흥미', '관계', '성향' 등을 거론했다. 따라서 사용자의 관계와 성향, 관심사, 흥미 등 행동 데이터를 수집하는 과정, 업로드되는 콘텐츠를 관계 및 주제에 따라 구분할 것으로 예상된다. 그리고 사용자의 흥미, 관계 및 성향 등 각 중요도에 따라 구분된 적합한 콘텐츠를 보여줄 것이다. 예를 들어 뷰티 관련 콘텐츠에 흥미를 보였다면 뷰티 관련 콘텐츠라고 구분된 게시물 중 하나를 보여주거나 자주 소통하고 반응하는 관계에 있는 친구의 게시물을 보여주게 된다. 또는 관계와 관심사 등 여러 조건이 합쳐져서 콘텐츠가 제안되기도 할 것이다.

대표적으로 다음의 기준이 반영된 알고리즘을 통해 사용자별로 콘텐츠를 제안하고 있으며, 이보다 더 복잡한 알고리즘이 있을 것이다.

사용자별 콘텐츠를 제안하는 기준

Interest	사용자의 콘텐츠별 흥미도
Timeliness	최근에 업로드된 콘텐츠인가
Relationship	얼마나 친한 사람인가
Following	팔로잉 등 관계

소셜 큐레이션의 집합체, 둘러보기

인스타그램 내 소셜 큐레이션을 한 줄로 설명하면 다음과 같다.

당신이 원하는 정보를 당신의 관계(소셜)와 행동(관심사)을 분석하고 선별해서 보여주겠다.

이를 가장 잘 보여주는 공간은 인스타그램 내 '둘러보기Explore' 영역이다. 인스타그램 소셜 큐레이션의 집합체라고 볼 수 있는 둘러보기 영역은 페이스북과 무엇이 다른지 보여주는 대표적인 공간이기도 하다.

페이스북은 관계에 의해 공유된 콘텐츠가 홈 피드에서 확산되는 구조를 가진 반면 인스타그램은 공유 기능 자체가 없기 때문에 다른 방식으로 콘텐츠가 확산된다. 인스타그램에서 확산을 유도하고 싶다면 우선 둘러보기 영역에 노출되어야 한다. 페이스북은 친구와 페이지의 정기 발행 콘텐츠 그리고 공유된 게시물이 홈 피드에 서로 섞여 보여지지만, 인스타그램은 친구의 게시물은 홈 피드에서 보여지고 친구가 아닌 대상의 콘텐츠는 둘러보기로 구분되어 보여진다. 그렇기 때문에 인스타그램 내에서 확산을 유도하고 싶다면 둘러보기에서 노출되는 기준을 파악해야 한다.

지금부터 둘러보기 구성과 노출되는 기준은 무엇인지 알아보자.

둘러보기 화면 구성

둘러보기에서는 두 가지 행동을 할 수 있다. 인스타그램에서 제안하는 콘텐츠를 소비하거나 내가 원하는 정보를 직접 검색해서 찾을 수도 있다.

◀ 인스타그램의 둘러보기 영역

둘러보기 첫 화면은 메인 추천과 함께 특정 주제로 나뉜다. 스타일, 쇼핑, 스포츠, 음식, 건축, 여행, 장식 등 다양한 주제가 카테고리로 나뉘고 이는 개인에 따라 주제와 순서가 다르게 나타난다.

이외에도 둘러보기의 화면 구성은 다양한데 특징을 카테고리, 노출 콘텐츠 형식, 노출 관계, 화면 구성으로 정리해보면 다음과 같다. 특징을 보면 둘러보기 영역이 왜 큐레이션된 콘텐츠를 소비하기 적합한지 알 수 있다.

둘러보기 화면 구성 특징

카테고리	샵, 스타일, 쇼핑, 스포츠, 음식 등 관심사 카테고리에 따른 콘텐츠 제안
노출 콘텐츠 형식	피드 게시물, IGTV, 스토리
노출 관계	내가 팔로우하지 않은 계정의 콘텐츠
화면 구성	그리드 방식으로 선택적인 콘텐츠 소비에 적합한 구성

관심사에 따라 카테고리로 나뉜 다수의 콘텐츠를 확인할 수 있고, 이미지, 슬라이드, 영상 등 다양한 콘텐츠 형식을 제공하며 그리드 방식의 화면 구성은 내가 원하는 게시물을 선택하기 좋게 되어 있다. 관심사에 따라 콘텐츠와 연결되는 최적의 공간을 둘러보기를 통해 제공하고 있는 것이다.

둘러보기는 인스타그램 사용자 개인의 성향을 파악하고 각자 좋아할 만한 콘텐츠를 제안한다. 그렇기 때문에 우리가 무심코 들리는 그 공간에서 생각보다 많은 시간을 보내게 되는 것이다. 내 고객이 둘러보기에서 시간을 보내는 동안 내가 제작한 콘텐츠를 만날 수 있게 만들고 싶다면 둘러보기의 노출 기준을 알아둘 필요가 있다.

검색 결과 화면 구성

둘러보기 첫 화면에서 인스타그램이 제안하는 콘텐츠를 소비한다면, 검색 화면은 사용자가 원하는 정보를 찾아서 볼 수 있다. 사용자는 원하는 정보를 얻고 싶으면 해시태그를 검색한다. 해시태그 검색에는 의도가 담겨 있기 때문에 어떤 해시태그를 게시물에 포함시키느냐는 대단히 중요하다. 고객이 주방 인테리어를 바꾸고 싶다면 '주방 인테리어'를 검색할 것이고, 주말 데이트 장소를 찾는다면 '주말 데이트 장소

추천' 등을 검색할 것이다.

여러분과 고객을 연결해주는 해시태그 검색! 그 중요한 일이 일어나는 인스타그램 검색 화면에서 고객과 어떻게 연결될 수 있는지 알아보자.

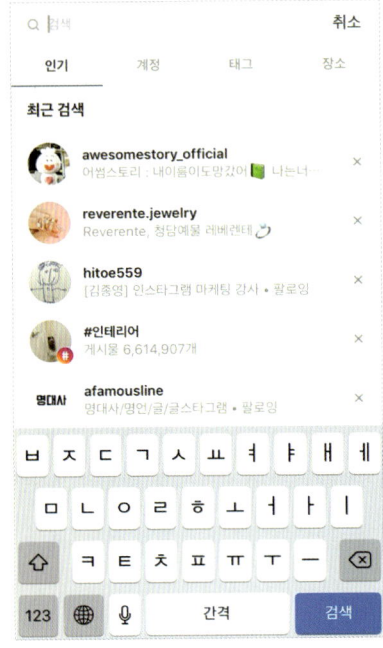

◀ 검색 결과 화면

검색 화면을 통해서 인스타그램 사용자들은 원하는 정보를 구분해서 검색할 수 있으며, 해시태그뿐만 아니라 특정 계정이나 위치도 검색할 수 있다. 검색 결과는 개인의 성향에 따라 다르게 나타나며 이는 누구에게나 동일한 검색 결과를 제공하는 네이버 등의 포털 사이트 영역과 다른 점이기도 하다. 네이버와 같이 상위 노출 개념이 적용되지 않으며 개인화된 검색 결과를 보여준다고 이해하면 된다. 검색은 중요한 개념이기 때문에 후에 좀 더 자세히 다루도록 하겠다.

검색 화면 구성

인기	사람, 태그, 장소를 포함한 결과
계정	사용자(계정) 검색 결과
태그	해시태그 검색 결과
장소	위치 태그 검색 결과

둘러보기의 노출 기준

제작한 콘텐츠가 팔로워 외 사람에게 확산되기 위해서는 둘러보기에 보여야 한다. 인스타그램은 페이스북과 같은 공유 기능이 없기 때문에 콘텐츠 확산을 위해서는 둘러보기의 노출 기준을 알고 활용하는 것이 중요하다. 필자는 그 기준을 알아보기 위해 인스타그램에 문의했다.

Q. 검색 및 둘러보기의 사진과 동영상이 선택되는 기준은?

A. 검색 및 둘러보기에서 회원님이 더 마음에 들어 할 만한 사진과 동영상을 추천해드리기 위해 항상 노력하고 있습니다. 게시물은 회원님이 팔로우하는 사람, 회원님이 좋아하는 게시물 등의 요소를 기준으로 자동으로 선택됩니다.

무성의하고 모호한 답변에 실망할 수 있다. 하지만 이 안에 중요한 힌트가 숨어 있다. 내용을 토대로 둘러보기 노출 기준을 추측할 수 있으며, 기준을 이해하기 쉽도록 하나씩 예시를 들어 설명하겠다.

둘러보기에 노출되는 게시물 중 하나를 누르고 게시물 하단에 적힌 작은 글씨를 확인해보자. 게시물 업로드 시간 옆에 적힌 이 작은 글씨가 둘러보기의 노출 기준이다. 대부분 무슨 의미인지 모를 것이다.

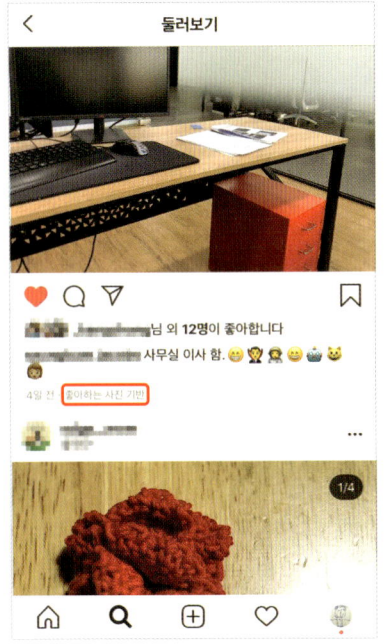

◀ 둘러보기 노출 기준(좋아하는 사진 기반)

우리도 모르는 사이에 인스타그램은 각 사용자의 행동 정보를 수집하고 분석해 '좋아하는 사진 기반', '팔로우 중인 사람 기반', '저장한 게시물 기반' 등 다양한 기준으로 노출시키고 있다. 대부분 이 작은 글씨에 대한 존재를 모르며, 이에 대해 안다고 해도 무엇을 의미하는지, 어떻게 작동되는지 알기 어려울 것이다. 그리고 정확한 노출 기준을 인스타그램은 공개하지 않는다. 다만 자주 언급되는 노출 기준을 특징별로 묶어보면 다음과 같다.

인스타그램 둘러보기 주요 노출 기준

주제 및 관심사	좋아하는 사진 기반, 좋아하는 동영상 기반
관계	팔로우 중인 사람 기반, 팔로우 중인 계정과 유사
저장	저장한 게시물 기반, 조회한 동영상 기반

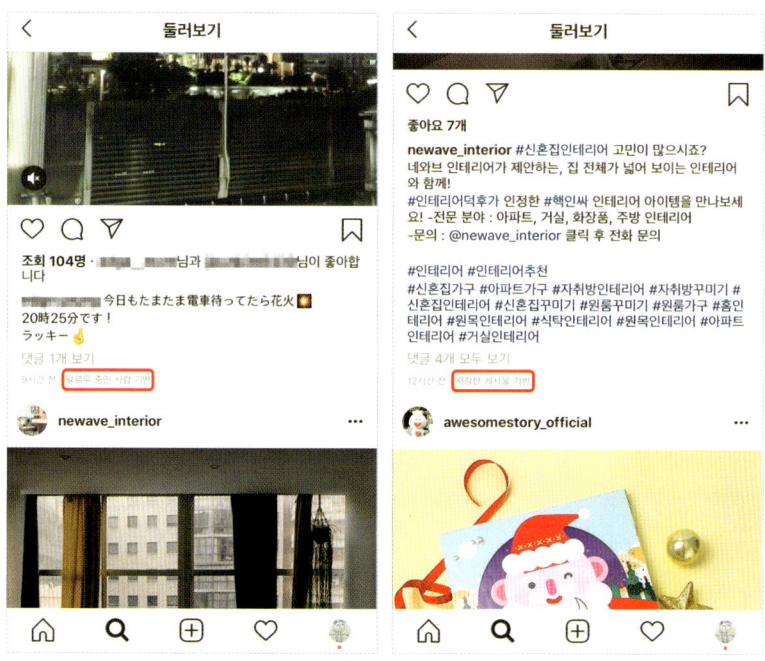

▲ 팔로우 중인 사람 기반(좌)과 저장한 게시물 기반(우)

'팔로우 중인 사람 기반', '팔로우 하는 계정과 유사' 등의 기준은 관계에 의해 노출되는 것이다. 나와 팔로우 관계에 있는 사람이 나와 팔로우 관계에 있지 않은 다른 사람의 콘텐츠에 좋아요, 댓글 남기기 등의 행동을 하면 둘러보기에 노출된다. 또는 나와 팔로우 관계에 있는 사람의 인스타그램 친구 게시물이 노출되기도 한다. 이 기준대로라면 다수의 팔로워를 가진 사람이 내 게시물에 좋아요나 댓글을 남기는 등의 반응을 한다면 그 계정과 팔로우 관계에 있는 사람의 둘러보기에 내 게시물이 노출될 수 있을 것이다. 만약 인스타그램 인플루언서 홍보를 계획 중이라면 이런 미션을 주는 것도 둘러보기 확산에 도움을 줄 수 있다.

'저장한 게시물 기반'은 게시물 저장 기능이 새롭게 업데이트되면

Chapter 2 연결, 우리는 어떻게 연결될까? | 77

서 생겼다. 마음에 드는 게시물을 내 컬렉션에 저장하면 그와 유사하거나 해당 계정의 다른 게시물이 노출된다. 필자의 경우 헤어 스타일을 바꾸기 위해 염색 관련 콘텐츠를 다수 저장한 적이 있는데 이후 둘러보기 영역엔 염색 관련 콘텐츠가 많이 보이기도 했다. 저장 기능을 자주 사용한다면 이런 경험이 한번쯤 있을 것이다.

   게시물을 저장하게 되는 업종이 있다. 마음에 드는 코디를 연출한 게시물(패션)이나 새로운 화장법, 헤어 스타일(뷰티) 그리고 여행을 계획 중이라면 지역 맛집이나 숙소 등을 소개하는 게시물을 저장할 가능성이 높다. 만약 이런 업종이라면 저장을 유도하는 문구나 정보성 콘텐츠를 구성하는 것이 좀 더 많은 저장 기회를 얻을 수 있는 방법이 될 것이다.

◀ 좋아하는 사진 기반 예시

'좋아하는 사진 기반'과 '좋아하는 동영상 기반'은 관심사에 의해 노출된다. 만약 당신이 음식 관련 콘텐츠에 반응했다면 당신의 최근 관심사인 음식 관련 콘텐츠 중에서 선별해서 보여준다. 물론 반응에 대한 기준은 다양할 것이다. 콘텐츠에 좋아요를 누르거나 댓글을 남기거나 오랜 시간 머무는 등의 관련 행동 데이터를 수집해 노출 기준에 활용할 것이다.

◀ 게시물 내 작성된 해시태그 화면

그런데 인스타그램에 수많은 콘텐츠 중 관심사에 의해 선별해서 보여주려면 각 콘텐츠를 관심사나 주제에 맞춰 구분해야 한다. 이를 어떻게 해결하고 있을까? 이에 대한 구체적인 답변을 인스타그램에서 듣긴 어렵다. 하지만 게시물을 올릴 때 하는 행동을 보면 짐작할 수 있다.

주말에 친구를 만나기 위해 강남역에 갔다고 상상해보자. 강남역 부근 음식점에서 만나 음식이 나온 뒤 사진을 찍고 '#강남맛집', '#강남역', '#00파스타맛집' 등 해시태그를 작성한 뒤 인스타그램에 업로드할 것이다. 게시물을 업로드할 때 어디에서 찍었는지, 게시물의 주제는 무엇인지 등을 정성껏 해시태그로 작성한다.

인스타그램은 사용자의 관심사에 맞춰 콘텐츠를 제안한다. 그렇다면 하루에도 수천만 장이 넘게 업로드되는 게시물을 관심사나 주제별로 구분할 수 있는 기준이 필요할텐데 이를 가장 잘 수행할 수 있는 것은 해시태그일 것이다. AI(인공지능)를 통해 이미지를 분석한 뒤 해당 이미지가 어떤 정보를 가지고 있는지 판별하는 기술이 개발되었지만 100% 믿고 사용하기 부족한 것이 현실이다. 현재로서는 해시태그가 그 역할을 하고 있다고 추측된다.

인스타그램 해시태그의 특징 및 역할
다수의 콘텐츠와 사용자가 관심사와 주제에 따라 연결될 수 있도록 중요한 역할을 하는 해시태그는 어떻게 탄생하게 되었을까?

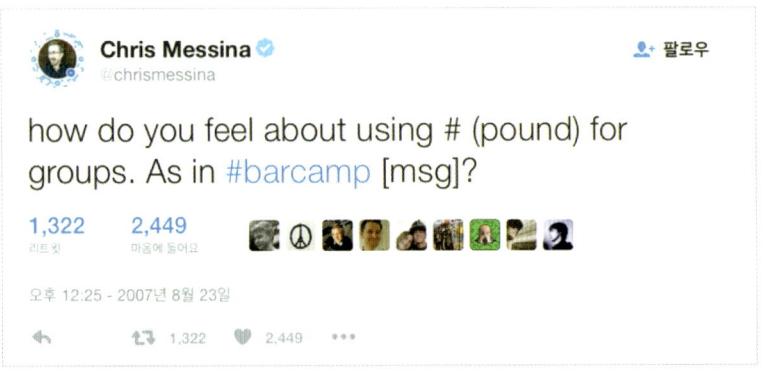
▲ 크리스 메시나가 제안한 최초의 해시태그

해시태그는 2007년 트위터에서 활동하던 오픈소스 운동가 크리스 메시나에 의해서 탄생했다. 크리스 메시나는 시간이 지남에 따라 사라져가던 정보를 '#' 기호를 활용해 찾아볼 수 있는 기능을 트위터에 제안했고 트위터는 이를 바로 적용했다.

트위터에서 활용되던 최초 해시태그의 역할은 원하는 정보를 검색해서 찾을 수 있도록 도와주는 것이었다. 이후 인스타그램에 적용된 해시태그는 검색을 통해 원하는 정보를 찾는 것뿐만 아니라 정보를 구분하고 이를 주제와 관심사에 맞게 제안하는 역할로 확장되었다. 이에 따라 인스타그램 사용자는 해시태그를 활용해 원하는 정보를 직접 찾을 수도 있고 둘러보기 등을 통해 평소 관심이 있던 주제의 콘텐츠와 연결되기도 한다.

검색과 주제·관심사 연결이라는 특징을 모르고 무작정 해시태그를 작성하면 안 되는 이유가 여기에 있다. 해시태그의 활용 방법에 따라 고객과 연결되기도 하고 고객과 연결될 수 있는 기회를 놓칠 수도 있다. 해시태그를 잘 활용하기 위해서는 지금부터 소개하는 해시태그의 역할을 알아둬야 한다.

역할 1. 검색

인스타그램 사용자는 해시태그 검색을 통해 원하는 정보를 인스타그램 내에서 찾아본다. 따라서 게시물에 인스타그램 사용자가 검색할 가능성이 높다고 판단되는 해시태그를 잘 구성해야 고객을 내 계정으로 유입시킬 수 있다.

필자가 운영하고 있는 계정에서 발행된 게시물의 인사이트 영역 중 일부를 보자.

◀ 해시태그 검색으로 노출된 게시물 인사이트

　인사이트란 인스타그램 계정의 활동 현황을 지표로 보여주는 기능인데 해당 게시물이 어디서 노출되는지 자세한 수치가 표기된다. 이 수치 중에서 해시태그 검색From Hashtag과 홈 피드From Home를 비교해보면(16520:9351) 상당수의 노출이 검색에서 발생하는 것을 알 수 있다. 즉 검색 가능성이 높은 해시태그를 게시물에 구성하는 것만으로도 팔로워에게 노출되는 홈 피드보다 더 많은 노출을 유도할 수 있다. 그리고 검색을 통한 노출은 고객이 나를 발견하게 하는 기회를 제공하기도 한다.

역할 2. 고객 정보

맛있는 음식을 먹거나 여행을 가면 사진을 찍고 해시태그를 작성해서 인스타그램에 올린다. 이때 음식이나 가게 이름 또는 여행 장소와 함께 내가 누구인지 어떤 성향을 가지고 있는 사람인지 나도 모르는 사이에 함께 업로드한다.

◀ 고객 정보를 담고 있는 게시물 내 해시태그

예를 들어 '#먹방녀', '#여행덕후' 등 자신의 성향을 보여주는 해시태그를 게시물에 포함하거나 '#20살첫여행', '#커플여행' 등 본인의 상황을 표현한 해시태그를 포함하게 된다. 이런 해시태그는 중요한 고객 정보가 된다. 마케터는 고객이 올린 해시태그의 성향을 분석해서 새로운 고객을 발굴할 수도 있으며, 우리 제품을 구매한 고객의 나이나 성별, 성향 등을 직·간접적으로 파악할 수도 있다. 해시태그를 활용해서 새로운 고객을 발굴하거나 기존 고객을 찾아서 소통할 수 있기 때문에 고객 정보가 되는 해시태그는 꼭 확인해봐야 한다.

역할 3. 최신 트렌드 반영

인스타그램은 특정 이슈에 민감한 SNS 중 하나이다. 뉴스나 사회적 이슈 등이 빠른 속도로 확산되는 트위터처럼 인스타그램도 특정 이슈를 빠르게 받아들이고 반영한다. 인스타그램 둘러보기를 살펴보면 평소 관심을 가지고 있지 않은 주제의 게시물이 보일 때가 있을 것이다. 예를 들어 몇 시간 전에 상륙한 태풍을 보여주는 동영상이나 평소에 관심 없는 연예인의 사진이 보이는 등 그동안 반응하지 않았던 주제의 콘텐츠가 둘러보기에 노출되기도 한다. 이는 인스타그램이 최신 트렌드를 반영했기 때문이다. 인스타그램은 짧은 시간 내에 그동안 언급되지 않았던 해시태그가 거론되거나 얼마 없었던 해시태그가 급격하게 증가하면 이를 이슈로 판단하고 둘러보기에서 보여주기 시작한다.

◀ 매년 4월 벚꽃 이미지가 노출되는 둘러보기

1월이 되면 해돋이 사진이 보인다거나 4월엔 벚꽃, 여름엔 휴가와 관련된 게시물이 보이기도 한다. 이외에도 갑자기 등장하는 신조어나 유행어 등이 해시태그로 포함된 게시물이 보이기도 한다. '#망치춤', '#인싸' 등이 그 대표적인 예이다. 트렌드를 반영한 해시태그는 활용 여부에 따라 둘러보기 내에 내 콘텐츠를 확산시킬 수 있기 때문에 눈여겨봐야 한다. 이런 트렌드를 반영해 제작된 콘텐츠에 해시태그가 포함되면 팔로워 규모에 상관없이 폭발적인 확산을 가져오는 경우를 많이 목격할 수 있다.

고객이 찾아오는 해시태그 vs. 고객을 찾아가는 해시태그

인스타그램 해시태그의 특징을 이해하고 이를 활용하는 방법을 알아두면 좀 더 많은 고객과 연결될 수 있는 기회를 가질 수 있다. 해시태그에 대한 중요성을 모르고 작성하면 앞서 이야기한 노출 효과나 확산의 기회를 가지기 어렵다. 그 기회를 잡고 싶다면 해시태그의 특징에 대해서 정확하게 이해해야 한다. 그 이해가 끝났다면 본격적인 활용에 대해서 알아보도록 하겠다.

초기 해시태그는 검색 역할을 주로 수행했지만 인스타그램과 만나면서 검색 이외에도 콘텐츠를 특정 주제로 나누거나 해시태그 분석을 통해 고객에 대한 정보를 파악할 수도 있게 되었다. 그리고 이런 특징을 활용하면 다음과 같은 것을 할 수 있다.

첫째, '고객이 찾아오는 해시태그'를 작성하는 것이다. 내 비즈니스에 관심 있는 대상이 해시태그를 통해 스스로 찾아오게 할 수 있다. 둘째, '고객을 찾아가는 해시태그'를 작성하는 것이다. 사용자의 해시태그를 분석해 고객을 발굴할 수 있다.

고객이 찾아오는 해시태그 1. 검색에서 노출되기

고객이 찾아오도록 검색을 어떻게 활용할지 구체적으로 살펴보자. 인스타그램 검색 화면은 [인기], [계정], [태그], [장소] 등 네 가지로 나뉘어 있다.

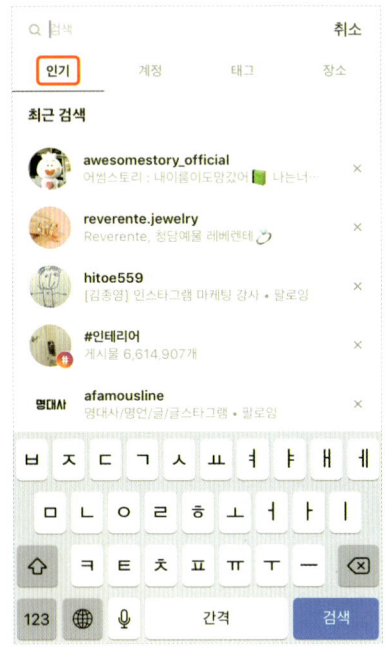

◀ 인스타그램 검색 화면의 [인기] 영역

[인기]는 [계정(사람)], [태그], [장소]를 모두 포함한 검색 결과를 제공한다. [계정]은 특정 키워드가 반영된 계정 리스트를 보여주며 [태그]와 [장소]는 내가 검색한 키워드와 관련이 높은 해시태그와 위치 태그 정보를 제공한다. 각 위치에서 노출되는 기준을 안다면 검색을 통해 고객이 찾아오게 할 수 있다.

검색창에 인스타그램을 검색해 나온 [계정] 영역의 계정은 어떤 기준에서 노출되는 것일까? 이는 계정의 이름과 관련이 높다. 인스타그램 계정을 개설하면 아이디 이외에 계정 이름을 설정할 수 있는데 이 이름이 검색 기준이 된다.

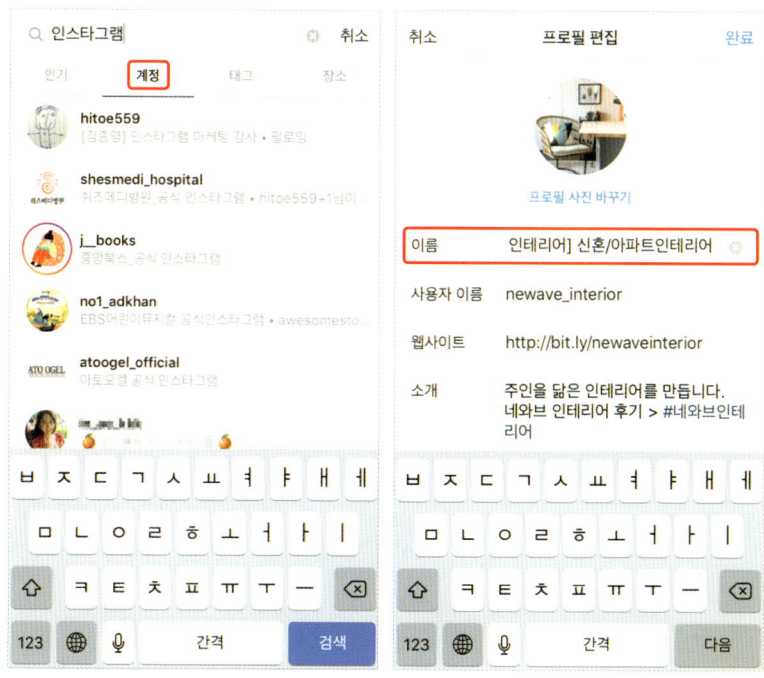

▲ 인스타그램 검색 화면의 [계정] 영역(좌)과 계정의 이름 설정 화면(우)

계정의 프로필 설정 버튼을 누르면 계정에 대한 정보를 편집할 수 있는데, '이름'에 입력된 키워드가 검색의 계정(사람) 영역에 반영된다. 이름은 빈칸을 포함해서 최대 30자까지 입력이 가능하며 이름 외에도 다른 관련 키워드를 포함하는 것으로 추가적인 노출을 기대할 수 있다.

만약 서비스나 제품이 포함된 시장의 대표 키워드를 추가하면 고객이 해당 키워드를 검색할 때 노출될 수도 있다. 예를 들어 '네와브'라는 이름의 인테리어 업체라면 '인테리어', '신혼', '아파트' 등의 키워드를 추가하면 좋다. 영문으로 된 브랜드명을 가지고 있는 경우 이름에 영문과 한글 브랜드명을 함께 입력해야 고객이 쉽게 브랜드를 찾을 수 있다. '칙스토리'라는 이름이라면 영어로 'chic-story'도 추가하도록 하자.

  주의할 점은 편집 화면 내 프로필 편집에 들어가면 '사용자 이름' 과 '이름'이 따로 구분되어 있다는 것이다. 검색 결과에는 '이름' 영역에 입력된 키워드가 반영되니 올바른 곳에 주의해서 입력하길 바란다.

> **TIP**
>
> **경쟁력 있는 계정 이름 만들기**
>
> · 브랜드의 영문명과 한글명이 함께 작성되어야 한다.
>   ex) 온라인 마케팅 대행사 칙스토리(chic story)
> · 추가 노출을 위해서 업종과 관련성이 높은 키워드를 포함한다.
>   ex) (ㅇㅇ여성쇼핑몰) 원피스, 청바지, 데일리코디

  인스타그램의 위치 태그는 페이스북에서 생성이 가능하다. 인스타그램 위치 태그를 왜 페이스북에서 만들어야 하는지 의아할 수 있다. 2012년 4월, 당시 5억 달러의 시장 가치를 가지고 있는 인스타그램은 약 10억 달러에 페이스북에 인수됐다. 이전에는 인스타그램 자체에서 위치 태그를 만드는 것에서 페이스북 체크인 기능만을 사용하도록 변경되었다.

  페이스북에 콘텐츠를 업로드하는 화면을 보면 하단에 [체크인]이라는 버튼을 확인할 수 있다. [체크인]을 누르면 장소를 검색할 수 있는데 우선 위치가 등록되어 있는지 확인해야 한다. 만약 내가 원하는 키워드로 위치가 등록되어 있지 않다면 '새 장소 만들기'를 통해서 위치 태그를 생성할 수 있다. 이렇게 만들어진 위치 태그는 빠르면 몇 시간, 늦어도 하루에서 이틀이 지나면 인스타그램에서 확인이 가능하다.

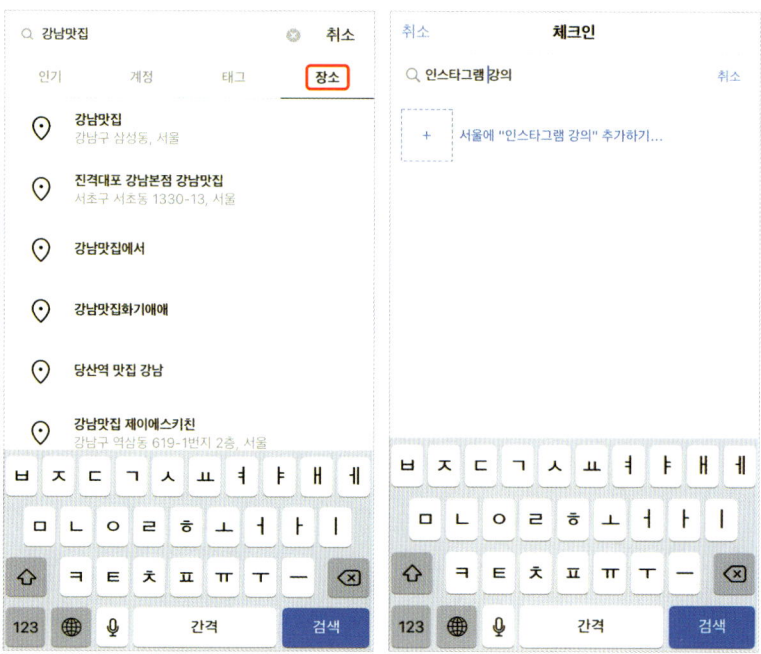

▲ 인스타그램 검색 화면의 [장소] 영역(좌)과 위치 태그(우)

위치 태그는 지역을 기반으로 한 비즈니스라면 꼭 등록하길 바란다. 지역 맛집이나 여행 업종의 경우 인스타그램에서 검색이 활발하게 이뤄지는 업종이다. 인스타그램 검색이 활발한 지역 기반의 업종이라면 위치 태그의 전략적 활용을 통해 고객이 찾아오게 할 수 있다.

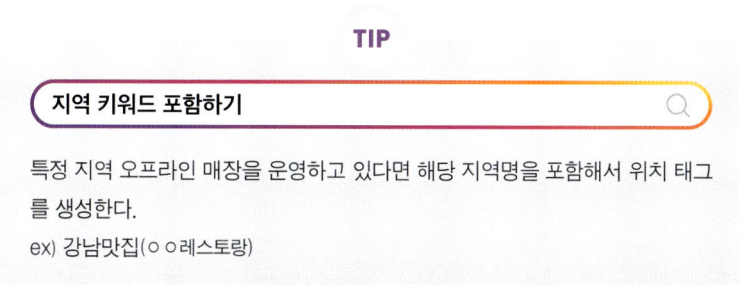

[태그] 영역은 게시물에 작성된 해시태그가 반영된다. 인스타그램 사용자는 원하는 정보를 찾기 위한 목적으로 해시태그를 검색하고, 때로는 게시물 내 캡션 영역의 글을 읽다가 발견한 해시태그를 누르기도 한다. 해시태그 검색을 통해서 고객이 찾아오게 하려면 검색 가능성이 높은 해시태그를 게시물에 구성하는 것이 중요하다. 그리고 검색한 해시태그와 연관성이 있거나 함께 자주 거론되는 해시태그를 함께 작성한다면 추가적인 노출도 가능하다.

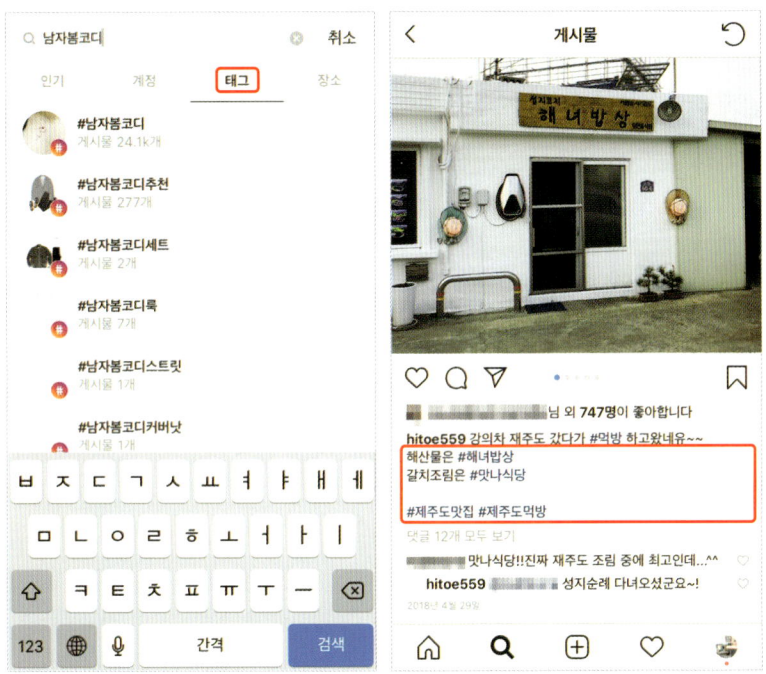

▲ 인스타그램 검색 화면의 [태그] 영역(좌)과 게시물 내 검색 해시태그(우)

검색 키워드는 검색자의 의도를 반영한다. 만약 제주도 여행을 계획 중인 고객이 있다면 우선 '#제주도여행'이라는 해시태그를 검색할 것이다. 아직 구체적인 계획을 세우지 못한 상태에서 다양한 정보를 접하고 싶은 의도가 있기 때문에 모든 가능성을 열어 놓고 포괄적인 해시태그 검색을 통해 정보를 검색한다. 이후에는 특정 지역의 숙소, 음식 등을 포함한 좀 더 구체적인 해시태그를 검색할 것이다. 예를 들면 '#제주도맛집', '#서귀포맛집', '#제주도맛집추천'과 같은 해시태그이다. 정보를 접할수록 의도는 좀 더 명확해지고 구체적으로 변하기 때문에 검색 단계와 검색자의 상황을 고려해서 해시태그를 작성해야 원하는 결과를 얻을 수 있다.

이와 함께 내 비즈니스와 관련성이 높은 키워드를 중심으로 해시태그를 확장해나가는 것 역시 중요하다. 제주도 여행을 준비하는 사람은 '#제주도여행', '#제주도맛집', '#제주도맛집추천', '#제주도숙소', '#제주도여행코스', '#제주도여행지추천' 등 다양한 해시태그를 검색하게 되며 이런 해시태그를 게시물에 포함시켜야 구매 가능성이 높은 고객과 연결될 수 있다.

하지만 당장의 반응을 위해 '#일상', '#선팔'과 같이 관련성이 떨어지는 해시태그를 주제와 상관없이 사용하는 걸 많이 본다. 개인 소통을 위해서 계정을 운영하는 경우라면 상관없지만 비즈니스 홍보를 위해 인스타그램을 활용한다면 주제에서 벗어나는 해시태그 사용은 그만둬야 한다.

검색 해시태그를 발굴할 때 어떤 해시태그를 선택해야 할지 고민될 것이다. 게시물당 총 30개의 해시태그만 검색에 반영되기 때문에 좀 더 효율이 높은 해시태그를 선정해야 한다. 좀 더 자세한 내용은 앞으로 설명할 '해시태그 작성 및 발굴을 위한 외부 솔루션 소개'에서 검색 해시태그 작성에 도움을 주는 서비스를 소개할 예정이니 참고하길 바란다.

TIP

검색 해시태그 확장하기

- 형용사, 명사, 수식어 포함하기
  ex) 다이어트 식단, 다이어트 추천, 디톡스 다이어트
- 지역, 시즌 키워드 포함하기
  ex) 여름 다이어트, 강남 카페
- 신조어 활용하기
  ex) 입으로 하는 다이어트, 호캉스 코디

고객이 찾아오는 해시태그 2. 둘러보기에서 노출되기

페이스북과 달리 인스타그램에서 확산은 '둘러보기'를 통해서 이뤄지며, 검색을 통해 우리와 연결되는 것 이상으로 둘러보기 내에 콘텐츠가 노출되는 것은 큰 파급력을 가진다. 그렇다면 내 콘텐츠가 둘러보기에서 노출되기 위해서 어떤 부분에 집중해야 하는지 지금부터 알아보자.

둘러보기 노출 기준 중 '좋아하는 사진 기반'은 특정 주제에 관심 있는 사람에게 그들이 반응한 해시태그와 관련이 있는 콘텐츠를 노출시킬 가능성이 크다. 이런 이유로 주제에 부합하는 해시태그를 게시물에 작성하는 것이 중요하다. 만약 무슨 해시태그를 작성해야 할지 모르겠다면 해시태그 검색 시 나오는 '관련 항목'의 해시태그를 참고하면 된다.

'관련 항목'은 내가 검색한 해시태그와 함께 가장 자주 거론되는 관련 해시태그를 나열해서 보여주는 영역이다. 네이버에서 검색을 했을 때 나오는 '연관검색어'와 같은 역할을 한다고 생각하면 어느 정도 이

해가 될 것이다. 둘러보기 내 노출 기준과 마찬가지로 관련 항목 역시 노출 기준에 대해 인스타그램이 공개하지 않았지만 보통 검색한 해시태그와 가장 많이 함께 사용되는 해시태그가 순서대로 나열된다고 알려져 있다.

▲ 해시태그 검색 결과 화면 내 '관련 항목'

　인스타그램 사용자는 검색뿐만 아니라 게시물에 작성된 해시태그를 누르는 방식으로 검색을 이어가는 경우가 많기 때문에 그와 함께 사용되는 관련 항목 내 해시태그는 매우 중요하다. 관련 항목에 포함된 해시태그는 주제에 맞는 해시태그를 확장할 때 가장 먼저 살펴봐야 할 영역이며, 게시물에 포함할 해시태그를 발굴하는 데 도움을 줄 수 있다.

　둘러보기를 보다 보면 특정 시즌에만 거론되는 주제를 다룬 게시물을 발견하게 된다. 앞서 이야기한 트렌드를 반영한 경우인데, 4월에 벚꽃 등의 봄에 피는 꽃 관련 콘텐츠, 12월에는 눈이나 크리스마스, 연말연초 행사 관련 콘텐츠가 더 자주 눈에 띈다. 인스타그램은 기존에 언급되지 않았거나 비교적 적은 발행 수를 보이는 해시태그가 특정 기간 내 갑자기 많이 언급되면 이를 최신 트렌드에 반영하고 둘러보기에 노출시킨다. 이와 같은 인스타그램에서 판단해 노출시킨 최신 트렌드가 반영된 해시태그를 게시물에 포함시키면 둘러보기를 통한 콘텐츠 확산에 도움이 될 것이다.

◀ '#망치춤' 해시태그가 포함된 게시물

한 게시물의 예를 보자. '#인싸춤', '#망치춤', #흑역사예약', '#경주여행', '#여행에미치다' 등 다양한 해시태그와 함께 작성된 춤을 추는 게시물의 조회수는 상당히 높게 기록됐다. 물론 해당 계정의 팔로워가 많으면 당연한 이야기라고 할 수 있겠지만 확인해보면 해당 계정의 팔로워 수는 200명 남짓으로 높은 조회수에 비해 팔로워 숫자가 턱없이 모자라다.

높은 조회수는 어떻게 가능했을까?

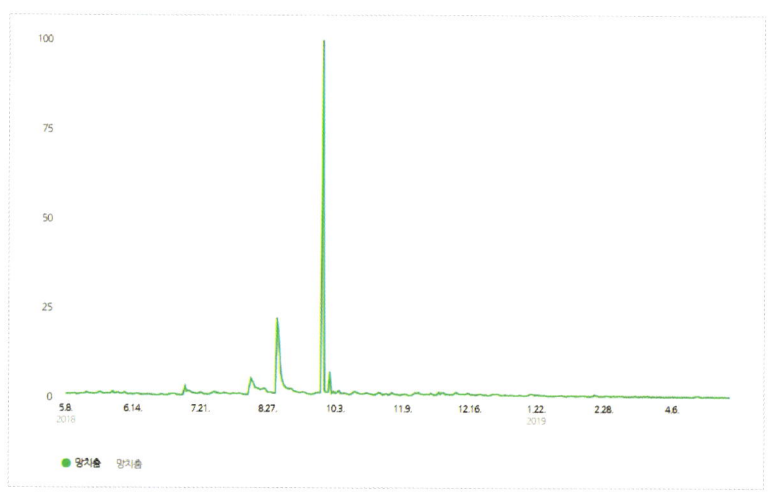

▲ 검색어 '망치춤'의 네이버 트렌드 검색 결과

    작성된 해시태그 중 '#망치춤'은 네이버 트렌드 검색 결과를 보면 2018년 8~9월 사이에 집중으로 거론된 키워드이다. 즉 이 게시물은 해당 기간에 업로드되면서 둘러보기 영역에 확산된 것으로 추측된다. 이처럼 트렌드를 반영한 해시태그를 잘 활용하면 많은 사람에게 노출될 수 있다.

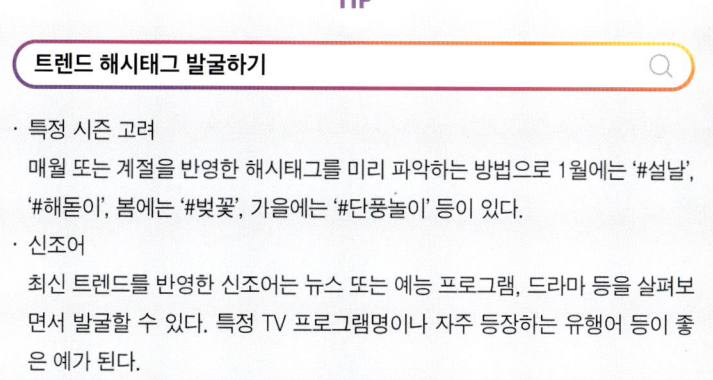

TIP

트렌드 해시태그 발굴하기

- 특정 시즌 고려
  매월 또는 계절을 반영한 해시태그를 미리 파악하는 방법으로 1월에는 '#설날', '#해돋이', 봄에는 '#벚꽃', 가을에는 '#단풍놀이' 등이 있다.
- 신조어
  최신 트렌드를 반영한 신조어는 뉴스 또는 예능 프로그램, 드라마 등을 살펴보면서 발굴할 수 있다. 특정 TV 프로그램명이나 자주 등장하는 유행어 등이 좋은 예가 된다.

검색과 둘러보기에 노출되는 것은 고객이 스스로 찾아오게 할 수 있는 방법이다. 여기에 노출되는 방식 및 기준을 알고 해시태그를 작성하는 것과 모르고 하는 것은 큰 차이를 보일 수밖에 없다. 앞서 설명한 내용과 몇 가지 팁을 활용해서 해시태그를 작성한다면 좀 더 많은 고객과 연결될 것이며 당신의 비즈니스를 찾아오게 될 것이다.

고객을 찾아가는 해시태그 1. 팔로워 육성 프로그램 주의사항
필자의 계정에 작성된 댓글 현황을 예로 보자.

◀ 게시물 내 작성된 가짜 댓글 현황

인스타그램을 자주 사용하면 눈치챘겠지만 해당 댓글은 대부분 프로그램에 의해 작성된 가짜 댓글이다. 해당 게시물은 개인적으로 힘든 일이 있어 위로받고 싶은 마음에 작성된 것이었지만 내용과 무관

한 댓글이 다수 포함되었다. 실제로 댓글 작성 계정을 찾아가 보니 네일 아트, 눈썹 문신 등 필자와는 관련성이 떨어지는 상업 계정이었다.

흔히 영혼 없는 댓글이라고 불리는 이런 현상은 인스타그램 팔로워를 늘리기 위해 사용하는 팔로워 육성 프로그램에 의해 발생한다. 이런 프로그램은 설정에 따라 사람 대신 좋아요, 댓글, 팔로워 요청을 해주는 것으로 효율과 편의성이라는 명목 아래 다수의 업체가 사용하고 있다. 네이버, 다음카카오 등에 검색하면 이를 대행하는 업체의 광고를 확인할 수 있는데, 인스타그램에서는 자체적으로 이를 막기 위한 조치가 늘고 있는 상황이라 빠른 시일 내에 없어질 가능성이 높다.

다만 팔로워를 늘리기 위한 수단으로 비용 대비 만족도가 높은 편이기 때문에 많이 사용한다. 만약 팔로워 육성 프로그램 사용을 고민 중이라면 다음을 유의하자.

▲ 팔로워 육성 프로그램 운영 프로세스

프로그램에 설정한 해시태그를 검색하고 검색 결과에 나오는 게시물을 순서대로 찾아가 좋아요, 댓글, 팔로워 요청을 하는 단순한 프로세스로 운영된다. 해시태그를 검색해서 사용자나 게시물을 찾아가기 때문에 프로그램에 등록하는 해시태그를 잘 선정해야 한다. 예시처럼 여성이 주로 사용하는 아이템을 판매하는 계정이 남자인 필자를 찾아오게 해서는 안 된다.

고객을 찾아가는 해시태그 2. 진성 사용자 해시태그 발굴하기

고객이 찾아오는 해시태그와 고객을 찾아가는 해시태그는 차이가 분명하다. 고객이 찾아오는 해시태그는 검색과 둘러보기에서 고객과 연결되기 위해 상업적인 해시태그가 포함되어야 하지만 고객을 찾아가는 해시태그는 진성 사용자를 발굴해야 하기 때문에 접근하는 방식이 다르다.

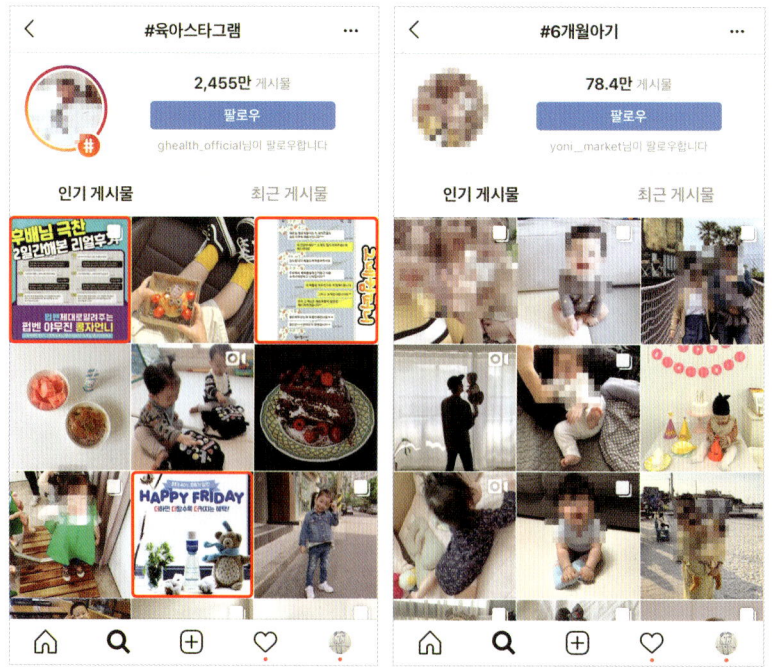

▲ '#육아스타그램'(좌)과 '#6개월아기'(우) 검색 결과

'#육아스타그램', '#6개월아기' 해시태그는 모두 육아라는 동일한

주제의 해시태그이다. 하지만 검색 결과를 확인해보면 상업적인 게시물이 다수 보이는 '#육아스타그램'과 실제 아이를 키우는 계정의 게시물이 다수 보이는 '#6개월아기'의 차이가 분명하다. 마케팅 담당자라면 '#육아스타그램'을 검색해서 고객을 찾는 것보다 '#6개월아기' 해시태그를 검색해서 고객을 찾는 편이 더 효율적이고 빠르다. 앞서 언급한 팔로워 육성 프로그램 역시 이런 해시태그를 등록해야 진성 고객을 찾아갈 수 있다.

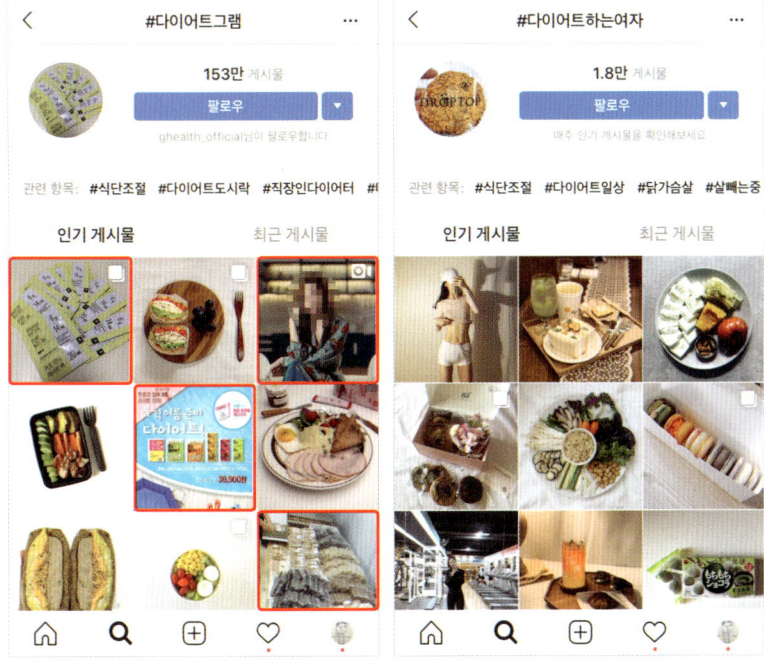

▲ '#다이어트그램'(좌)과 '#다이어트하는여자'(우) 검색 결과

만약 다이어트 관련 업종이라면 '#다이어트그램'과 같은 상업적인 해시태그보다는 '#다이어트하는여자', '#다이어트1일차'와 같은 해시태그를 공략하는 것이 진성 사용자를 만날 수 있는 방법이다.

지역을 기반으로 비즈니스를 운영한다면 '#○○맛집'보다는 위치 태그를 활용하는 것도 방법이다. 대부분 상업 계정은 위치 태그 사용 빈도가 떨어지기 때문에 위치 태그의 검색 결과에는 진성 사용자가 다수 포함되어 있기 때문이다.

> **TIP**
>
> **진성 사용자 해시태그 발굴하기**
>
> - 상업 해시태그 검색 후 진성 사용자 게시물 찾기
>   상업 해시태그 내에 진성 사용자 게시물을 살펴보면 그들이 주로 작성하는 해시태그를 볼 수 있다. 이런 해시태그를 찾아 계정 내 팔로워 육성 프로그램에 적용하거나 해시태그를 검색해 직접 찾아갈 수 있다.
> - 숫자, 지역, 이름 등 붙이기
>   특정 해시태그 앞이나 뒤에 숫자, 지역, 이름 등을 붙이는 방식으로 진성 사용자 해시태그를 발굴할 수 있다. 예를 들어 '#결혼1일차', '#강남여자', '#○○맘' 등 사업과 관련성이 높은 키워드와 연결해 다양한 진성 해시태그를 찾아볼 수 있다.

지금까지 이야기한 방법들이 효과를 보려면 탐색하기 좋은 계정 구조를 갖추고 있어야 한다. 고객을 찾아가는 해시태그를 활용해서 고객을 찾아가서 좋아요, 댓글 등을 남기고 나면 고객은 계정을 방문한다. 이때 계정 피드의 콘텐츠 품질이 낮고 탐색하기 좋은 구조를 갖추지 못하면 이탈할 가능성이 높다. 이에 대해서는 다음 장에서 살펴보자.

인기 게시물 상위 노출의 비밀

인스타그램 사용자는 원하는 정보를 얻기 위해 검색 영역을 활용한다. 해시태그를 검색하면 이를 포함한 게시물이 그리드 형태로 나열되어

보여지는데 이때 상위에 내 게시물이 노출된다면 높은 광고 효과를 얻을 수 있다. 안타깝게도 인기 게시물 노출에 대한 로직은 끝까지 공개되지 않을 것이다. 이를 공개하면 네이버 검색 영역과 같이 상업적인 콘텐츠에 점령될 가능성이 높기 때문이다. 다만 짐작 가능한 범위 안에서 유추할 수 있는 몇 가지 비밀을 살펴보자.

◀ 인스타그램 인기 게시물 노출 결과

검색 영역에서 해시태그를 검색하면 '인기 게시물'과 '최신 게시물'로 나뉘어 있고, 사용자의 요구에 따라 선택적으로 검색 결과를 확인할 수 있다. 예전에는 상위 아홉 개의 인기 게시물 밑에 최신 게시물이 노출되는 방식이었으나 2018년을 기점으로 '인기'와 '최신'으로 나누는 방식으로 변경되었다. 이후 '최신 게시물' 확인 빈도는 많이 떨어졌으며 대부분 사용자가 인기 영역에 노출되는 콘텐츠만 소비한다. 인기 영역은 총 500건의 게시물을 보여주기 때문에 인스타그램 사용자 입장에서는 굳이 최신 영역까지 갈 필요가 없는 것이다.

그런데 노출 방식이 변경되면서 이전보다 '인기 게시물'에 올라갈 확률이 높아졌다. 아홉 개의 게시물만 선택적으로 올라갈 수 있었던 예전과 달리 지금은 최대 500개 안에만 들면 '인기 게시물'에 노출된다.

반대로 '인기 게시물' 수가 많아지면서 예전처럼 높은 광고 효과를 기대하기는 어려워졌다. 필자의 경우 예전에는 누적 게시물 수 500만 개가 넘는 해시태그의 상위 아홉 개에 노출된지 약 여덟 시간 만에 팔로워가 1200명 정도 늘어나는 효과를 보기도 했지만, 지금은 이를 기대하기 힘들다. 노출 방식이 변경되면서 '인기 게시물' 상위 노출은 다음과 같이 접근하는 것이 더 현실적이다.

첫째, 누적 게시물 수를 점검하는 것이다. 게시물 작성 주기가 짧은 해시태그의 경우 상위 게시물이 자주 바뀔 수 있다. 그렇기 때문에 상대적으로 누적 게시물 수가 적거나 인기 게시물 상위에 노출되고 있는 10~15개 가량 게시물의 업로드 시점을 확인해봐야 한다. 게시물 하단에 나온 게시물 업로드 시간 중에서 분 단위보다는 시간이나 년월일로 나오는 경우를 살펴보자.

둘째, 평균 참여 수를 점검하는 것이다. 특정 해시태그 검색 결과 상위에 노출되고 싶다면 이미 노출되고 있는 게시물의 평균 참여 수를 파악해볼 필요가 있다. 약 10~15개의 게시물 평균 좋아요와 댓글 수를 계산해 나온 평균 숫자가 상위에 노출되기 위한 최소한의 참여 수가 될 수 있다. 내 계정 게시물의 평균 참여 수와 상위로 노출시키고 싶은 해시태그의 평균 참여 수를 비교하면서 찾는 방식으로 접근해보자. 예를 들어 한 액세서리 업체 인스타그램 계정의 평균 참여 수가 50

개라면 인기 게시물 평균 참여 수가 100개 이상인 '#귀걸이'보다는 참여 수가 50개 수준인 '#진주귀걸이추천'을 통해 인기 게시물 상위 노출을 시도해보는 것이다.

셋째, 팔로워 수와 참여 수 비중을 점검하는 것이다. 검색 결과 상위에 노출되는 게시물 중에서 평균보다 적은 숫자로도 올라가는 경우를 확인할 수 있다. 바로 옆에 노출되는 게시물임에도 어떤 게시물은 좋아요 300~400개, 어떤 게시물은 좋아요 50개 내외로도 올라간다. 그 이유는 무엇일까? 답은 팔로워 숫자에 있다. 적은 좋아요 수만으로도 상위에 올라가는 게시물의 경우 상대적으로 팔로워 수가 낮은 경우가 많다. 팔로워 수 대비 참여 수도 상위 노출에 중요한 기준이 되는 것으로 보인다. 예를 들어 팔로워 1천 명 계정의 게시물 중 좋아요 100개를 받는 것과 팔로워 100명 계정의 게시물 중 좋아요 30개를 받는 것은 비중의 차이가 크기 때문에 후자에 해당되는 계정의 게시물도 인기 게시물에 노출되는 것이다. 내 계정의 팔로워가 적다고 인기 게시물 노출을 포기하지 않아야 하는 이유가 여기에 있다.

다소 복잡하게 느껴질 수 있다. 간략하게 정리하면 다음과 같다.

인기 게시물에 노출되기 위해서는 '내 팔로워 대비 많은 비중의 참여 수를 빠른 시간 내에 받아라'

이 문장만 기억하고 실행한다면 적은 수의 팔로워와 참여 수에도 충분히 인기 게시물 내 상위에도 노출될 수 있다.

해시태그 작성 및 발굴을 위한 외부 솔루션

해시태그는 인스타그램에서 중요한 역할을 수행하고 있으며 이를 어떻게 활용하느냐에 따라 성과에 차이가 날 수밖에 없다. 다만 이를 찾는 과정이 꽤나 복잡하고 어렵기 때문에 포기하는 경우를 자주 목격하는데 이때 도움을 줄 수 있는 솔루션이 있다.

해시태그 분석 사이트 '해시태그 LAB'
해시태그랩tag.mediance.co.kr은 인플루언서 전문 플랫폼인 미디언스에서 제공하는 해시태그 분석 서비스이다.

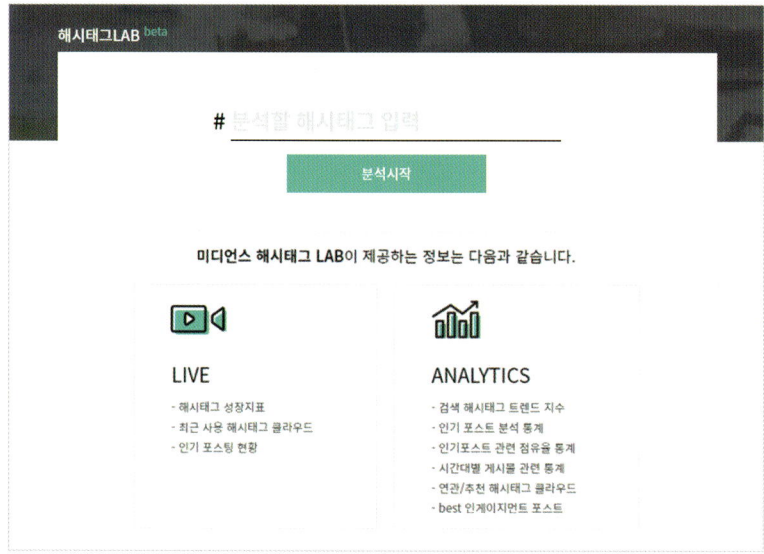

▲ 해시태그 분석 사이트 해시태그랩

특히 해시태그별로 제공되는 다양한 지표들은 효과적인 해시태그를 발굴하거나 인기 게시물 등록에 필요한 좋아요 수치를 알려주는 등 해시태그 때문에 고민이 많은 상황에서 큰 도움이 될 것이다.

해시태그랩 검색창에 '코디'를 검색하면 해당 키워드와 관련된 해시태그와 함께 분석에 도움을 주는 여러 지표가 제공된다. LIVE 태그와 연관 태그 트리, 연관 태그 TOP 10 등 지표를 활용해 해당 주제에서 확장 가능한 해시태그를 쉽게 제공받을 수 있다. 이외에도 항목별로 다양한 지표가 제공되는데 어떻게 활용해야 하는지에 대해 알아보자.

첫째, '태그 월간 분석'이다. 특정 해시태그로 작성된 게시물의 누적수를 의미하는 지표로 해시태그의 규모를 파악할 수 있다. 인스타그램 사용자들이 자주 언급하는 해시태그인지 아닌지 판단할 때 활용하기 좋다.

둘째, '인기 포스트 반응 범위'이다. 특정 해시태그 인기 영역에 노출되는 게시물의 평균 좋아요 수를 보여준다. 해당 지표를 활용하면 인기 게시물 등록을 위한 최소한의 좋아요 수를 직접 계산하지 않아도 바로 확인할 수 있다.

셋째, '태그 트렌드 분석'이다. 해당 지표는 단기 중기 장기로 해시태그의 증가량을 보여주는 지표로 특정 해시태그가 최근에 자주 언급되고 있는지 간접적으로 파악할 수 있다. 해시태그의 현재 효율을 따져볼 수 있으니 의미 있는 지표라고 생각된다.

이외에도 게시물이 이미지, 비디오, 캐러셀(이미지 슬라이드) 중 어떤 유형으로 많이 업로드되고 있는지 알려주는 '인기포스트 유형 분석', 반응시간과 점유시간을 알려주는 지표인 '반응 Heat Map'과 '점유시간 Heat Map', 인기게시물 미리 보기 기능 등 다양한 지표를 제공한다.

해외까지 영역을 확장하면 해시태그를 분석해주는 서비스는 수천 개가 넘지만, 해시태그랩은 국내 서비스 중 가장 우수한 무료 서비스다. 아직 해시태그 분석 서비스를 제대로 사용해보지 않았다면 해시태그랩을 추천한다.

검색 해시태그 찾기 '네이버 검색광고 관리자'

정보를 찾기 위한 검색은 어디에서 가장 많이 이뤄질까? 네이버 등의 포털 사이트일 것이다. 필자는 인스타그램 해시태그 중 검색을 목적으로 사용되는 해시태그의 성과를 미리 판단하기 위해 네이버 검색광고 관리자 searchad.naver.com를 자주 활용한다. 인스타그램은 해시태그의 누적 게시물 수 파악만 가능하고 해당 해시태그의 검색량은 알 수 없다. 누적 게시물 수와 검색량은 의미하는 바가 다름에도 이를 파악할 방법이 없는 것이다. 그래서 게시물에 작성할 해시태그의 검색량을 간접적으로라도 파악하기 위해 네이버 검색광고 관리자 내 키워드 도구를 사용한다.

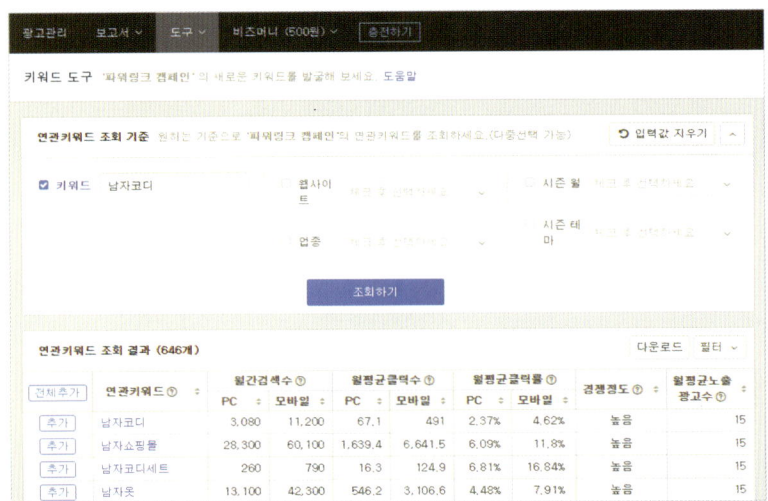

▲ 네이버 검색광고 관리자 내 키워드 도구

키워드 도구에 '남자코디'를 검색해봤다. 스타태그와 달리 '남자코디'를 포함한 키워드 이외에 관련성이 높다고 판단되는 '연관키워드'가 함께 제공된다. 해당 리스트를 보고 미처 생각하지 못했던 검색 해시태그를 발굴할 수 있으니 스타태그와 함께 활용해보면 좀 더 다양한 해시태그를 발굴할 수 있을 것이다.

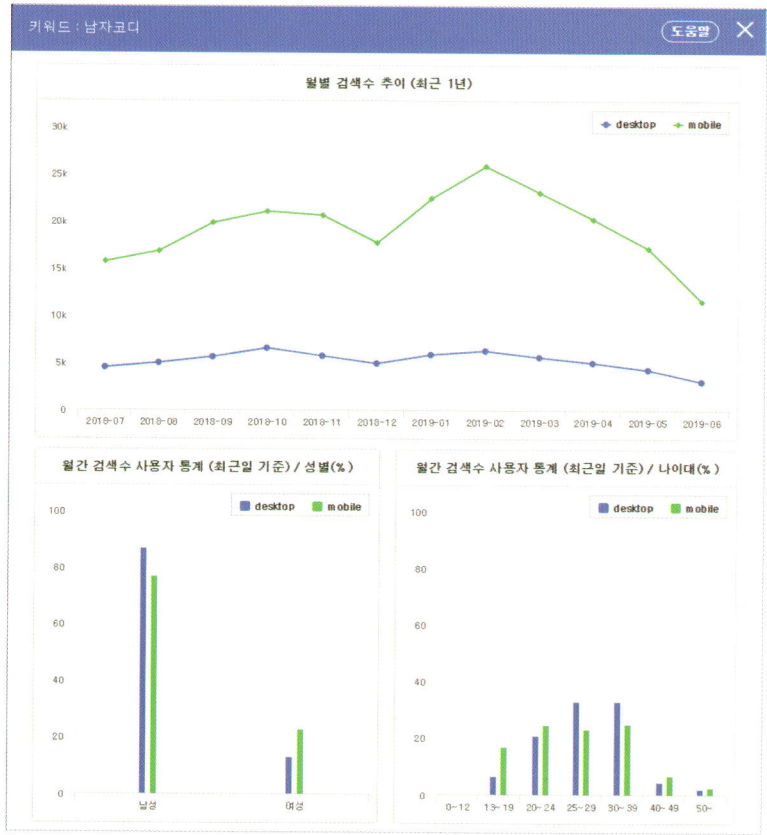

▲ 키워드 상세 통계 지표

이외에 해당 키워드가 모바일에서 어느 정도 검색이 이뤄지는지 그리고 키워드를 클릭하면 나오는 상세 통계를 통해 해당 키워드가 주로 사용되는 시점과 검색자의 성별, 나이가 어떻게 되는지를 파악할 수도 있다. 시점에 따라 공략해야 할 해시태그를 구분하고 인스타그램 주 사용지 연령 및 성별을 고려한 선택도 가능하다.

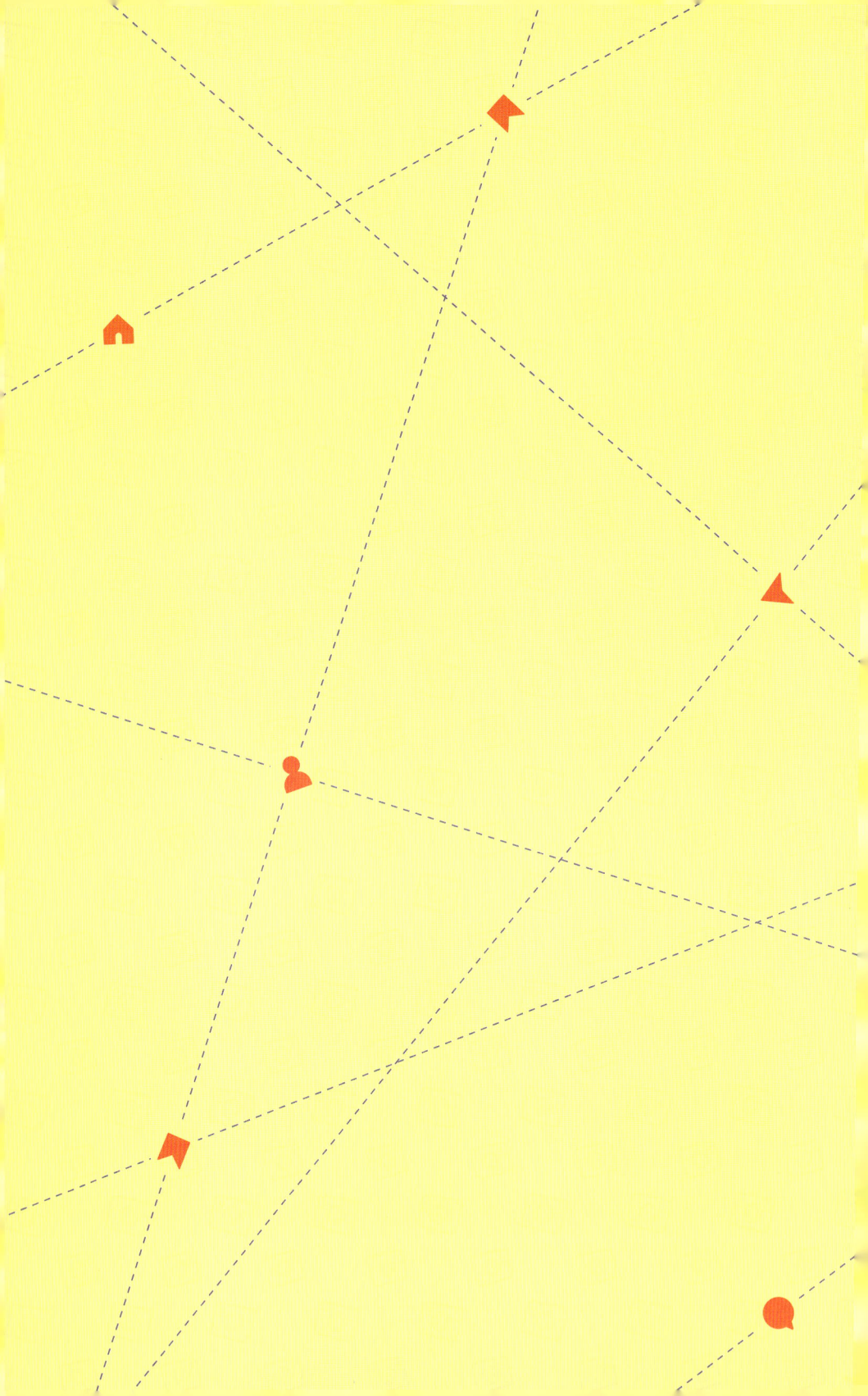

CHAPTER 3
탐색, 탐색하기 좋은 계정은 무엇일까?

탐색하고 관여되는
인스타그램 계정 피드

당신을 발견하고 관심사에 의해 연결된 사용자의 다음 행동은 무엇일까? 당신의 계정으로 이동해 더 많은 정보를 얻고자 할 것이다. 이때 브랜드에 대한 첫인상을 매력적으로 전달하고 피드를 계속 탐색하게 만들어야 원하는 결과를 얻을 수 있다. 계정 팔로워가 늘어나거나 다른 게시물에 반응하게 하고 최종적으로는 매장 방문 또는 웹사이트로 유입시키기 위해서는 계정 피드를 잘 갖춰야 한다. 잘 발견되는 이미지와 고객과 연결되기 위한 해시태그를 전략적으로 운영하는 것 이상으로 탐색하기 좋은 피드를 구축하는 것은 인스타그램 마케팅 성과를 좌지우지할 중요한 개념이다.

   발견과 연결을 거쳐 계정을 방문하게 되는 일반적인 단계를 인스타그램을 통해 서비스를 이용하게 된 고객 입장에서 살펴보자. 이사를 앞두고 어떻게 집을 꾸밀지 고민이었던 고객은 '#인테리어'라는 해시태그를 검색(연결)했다. 검색 결과를 살펴보던 중 눈에 띄는 게시물을 발견했고 이를 보고 계정에 넘어가 좀 더 자세한 정보를 소비하고 싶어졌다.

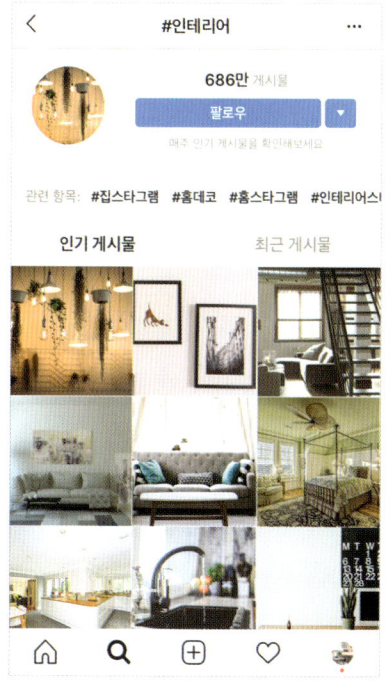

◀ '#인테리어' 검색 결과

　다음과 같은 생각을 했을 것이다. '계정에 가면 다양한 인테리어 디자인을 제안받을 수 있겠지?' 방문한 계정에는 예상했던 대로 다양한 인테리어 콘텐츠로 가득했고, 보기 좋은 피드로 구성되어 있었다. 피드를 훑어본 고객은 링크를 클릭한 뒤 인테리어 업체의 사이트를 방문했다.

　고객이 계정을 방문하기 전까지는 발견과 연결을 위한 이미지, 해시태그 등이 중요하지만 구매를 결정하게 되는 공간은 계정 피드라고 할 수 있다. 그러나 많은 비즈니스 계정이 고객의 방문 목적을 무시하고 정돈되지 않은 피드를 구성한다. 계정 피드의 콘텐츠가 어떻게 구성되어 있느냐에 따라 팔로우를 하거나 구매를 생각하게 되지만 이를 깊게 생각하지 않고 피드를 구성하는 경우가 대부분이다.

그렇다면 어떻게 피드를 구성해야 할까? 계속 탐색하고 싶어지는 피드 구성을 위해서는 다음과 같은 이해가 선행되어야 한다.

기존 SNS 프로필과의 차이점 '3열 그리드 방식'

연결, 발견 다음으로 탐색이라는 키워드를 선택한 이유는 인스타그램 계정 피드가 가진 구조 때문이다. 인스타그램 계정의 피드를 살펴보면 격자 무늬의 '3열 그리드 방식'을 사용한다. 이는 페이스북, 트위터 등 다른 SNS와 가장 큰 차이점을 보이는 부분이다. 글, 이미지, 동영상 등이 포함된 게시물이 순서별로 나뉘어 노출되는 페이스북과 달리 인스타그램은 이미지 또는 동영상이 '3열 그리드' 구조로 탐색하기 편하게 노출된다.

◀ 인스타그램 계정 화면 구성

인스타그램의 3열 그리드 구조는 다음과 같은 콘텐츠 소비 패턴을 보이게 한다.

- 선택적 콘텐츠 소비
- 탐색하듯 콘텐츠 소비

먼저 '선택적 콘텐츠 소비'에 대해 알아보자. 우리는 특정 계정에 방문하면 피드를 위아래로 넘기면서 내가 원하는 게시물을 선택한다. 직관적인 이미지 콘텐츠가 3열 그리드 구조로 노출되기 때문에 쉽게 원하는 정보만 선택할 수 있다.

두 번째로 '탐색하듯 콘텐츠 소비'에 대해 알아보겠다. 인스타그램 사용자는 특정 개인의 인스타그램 계정에 방문해서 스크롤을 몇 번 내리는 것만으로도 그 사람의 성별과 결혼 유무, 무엇을 좋아하는지 대략적인 정보를 파악할 수 있다. 계정 피드를 탐색하면서 정보를 얻는 것이다. 인스타그램 사용자는 계정에 방문한 이후 피드의 구성을 보고 계속 탐색할지 말지 결정하는데 이때 탐색하기 좋은 피드 구성을 보여주지 않으면 고객은 금방 이탈하게 된다.

잠시 고객이 되었다는 상상을 해보고 내 계정 피드를 살펴보자. 내 계정은 화면을 밑으로 스크롤하면서 계속 탐색하고 싶은가? 만약 그렇지 않다면 당신은 잠재고객을 고객으로 만들 수 있는 기회를 잃어버린다. 고객과 내가 연결되고 발견한 이후 탐색할 만한 가치를 제공하지 못한다면 원하는 성과를 달성하기 어려울 것이다.

탐색하기 좋은 구조 만들기

인스타그램에서 원하는 목표를 달성하기 위해서는 탐색하기 좋은 피드 구조를 만들어야 한다. 계정을 방문한 사용자가 매력적인 구성을 갖춘 내 피드를 계속 탐색하면서 피드 가장 밑까지 내려갔다고 상상해보자. 판매하는 제품이나 브랜드의 이해도와 관여도를 높일 수 있을 뿐만 아니라 팔로워를 유도할 수 있고 구매를 고려하게 할 수 있다.

탐색하기 좋은 구조는 왜 중요한가?
탐색하기 좋은 구조는 왜 중요한지 필자가 운영하는 계정 중 가장 많은 좋아요와 댓글을 받은 콘텐츠를 통해 살펴보자.

음식을 소개하는 해당 계정은 평균적으로 500개 안팎의 좋아요를 받는데 닭 모양의 치기리빵을 찍은 특정 게시물만 1만 개가 넘는 좋아요를 받았다. 해시태그 등을 통해 검색과 둘러보기 등에 다양하게 확산되었거나 게시물과 연결된 인스타그램 사용자의 시선을 잡았기 때문일 것이다. 흥미로운 부분은 게시물이 업로드되고 하루 만에 팔로워가 1200명 가량 늘었다는 것이다.

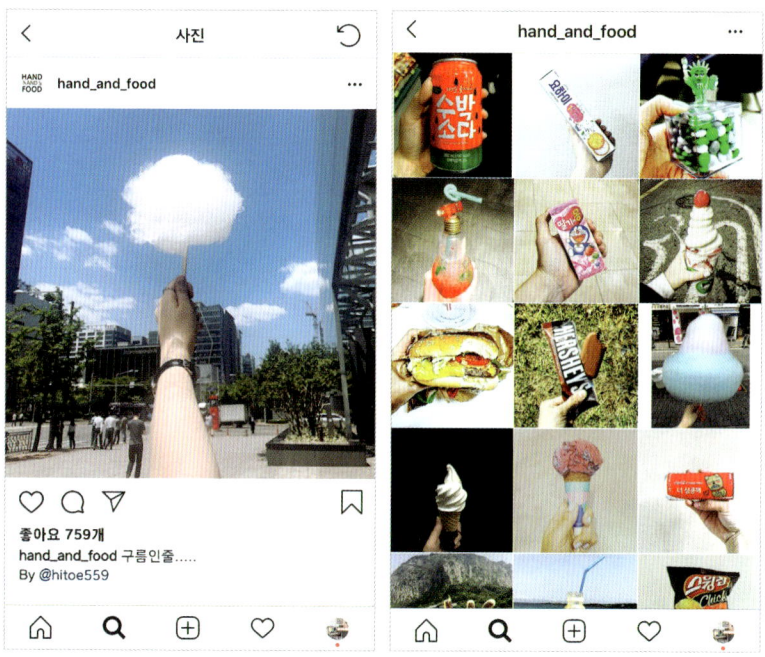

▲ 음식 소개 계정의 게시물(좌)과 피드(우)

  게시물 하나로 이렇게까지 팔로워가 늘어난 이유는 무엇일까? 이는 탐색하기 좋은 피드 구성을 갖췄기 때문이다.

  게시물 둘러보기 등에서 발견한 사람 중 일부는 계정을 방문하기 전 '계정에 가면 좀 더 재미있고 맛있어 보이는 음식이 있겠지?'라고 생각했을 것이다. 그리고 이 계정은 방문 목적을 해소해줄 수 있는 다양한 음식 콘텐츠로 피드가 구성되어 있었다. 이는 팔로워가 늘어난 결정적인 이유이다. 방문자는 목적을 달성하고 팔로우를 하거나 다른 콘텐츠를 더 탐색하기 시작했을 것이다.

  만약 방문 목적과 상반된 다른 콘텐츠나 매력적이지 않은 피드 구성을 갖췄다면 탐색을 멈추고 이탈하게 되며 당신이 원하는 목표인 팔로워 증가나 매장, 웹사이트 방문 효과는 아주 미비할 것이다.

탐색하고 싶은 피드 구성하기

탐색하고 싶은 피드를 구성하기 위해서는 '탐색하기 좋은 피드 구성을 위한 레이아웃' 그리고 '방문 목적을 해소해주는 콘텐츠'를 알아야 한다.

많은 사람이 '방문 목적을 해소해주는 콘텐츠'에서 어떤 식으로 구성해야 할지 몰라 어려움을 겪는다. 필자의 경험을 예로 들어 살펴보겠다. 어느 날 친분이 있는 주얼리 브랜드 실장님이 인스타그램 계정을 살펴봐달라고 요청했다. 필자는 예쁜 디자인으로 만들어진 주얼리 콘텐츠를 보며 피드를 아래로 내리는 도중 깜짝 놀라 스크롤을 멈췄다. 주얼리 콘텐츠 중간에 족발 사진이 자리하고 있었으며, 그 아래로도 몇 가지 음식 사진이 위치했다. 그 이유를 물으니 계정이 상업적으로 보이는 것이 싫었기 때문이라는 답변을 받았다.

만약 주얼리를 구매하고자 인스타그램에서 정보를 찾던 고객이 발견과 연결을 통해 해당 계정을 방문했다면 중간에 노출되는 음식 사진은 정보가 아닌 스팸이 될 것이다. 그리고 탐색을 멈추고 이탈하게 된다. 인스타그램은 주제와 관심사에서 의해서 고객과 내 비즈니스를 연결해준다. 주얼리에 관심 있어 계정을 찾아온 고객에게는 주얼리 콘텐츠로 구성된 피드를 보여주는 것이 맞다.

이제 '탐색하기 좋은 피드 구성을 위한 레이아웃'에 대해 살펴보겠다. 방문 목적을 해소해주는 콘텐츠를 탐색하기 좋은 레이아웃으로 배치해보자. 정돈되고 매력적인 첫인상을 주기 위한 방법으로 가장 쉽게 할 수 있는 방법은 '게시물 업로드 방식'을 일관되게 하는 것이다. 대표적인 방식으로 세 개 콘텐츠를 한 줄로 올리는 '라인line 방식'과 콘텐츠의 콘셉트를 번갈아 올리는 '바둑판 방식'이 있다.

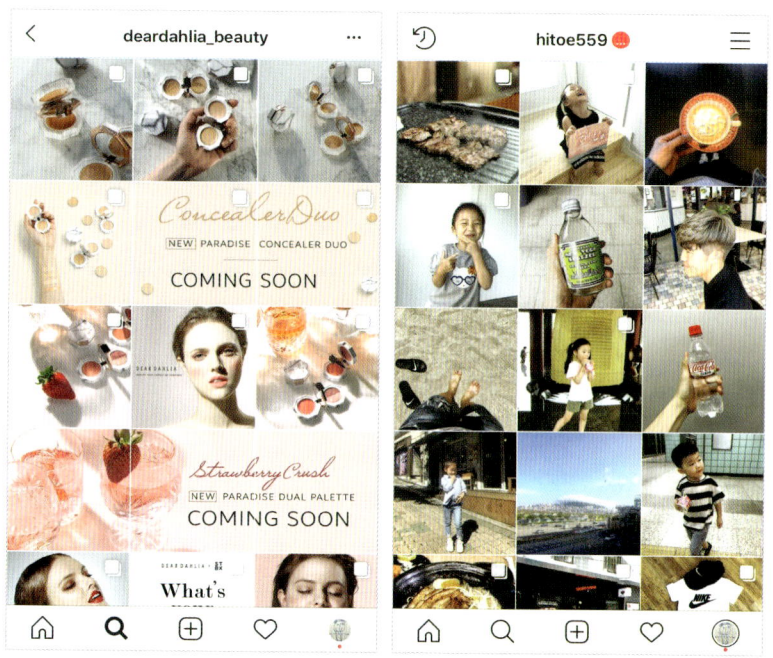

▲ 라인 방식(좌)과 바둑판 방식(우)으로 업로드하는 계정

'라인 방식'은 주로 패션이나 뷰티 브랜드 계정에서 많이 활용한다. 비주얼 임팩트가 중시되는 이런 업종의 경우 라인 방식을 통해 정돈된 피드 레이아웃을 보여줄 수 있다. 그리고 제품의 다양한 이미지를 한 번에 노출시킬 수 있어 시선을 잡기 용이하다. 비주얼 임팩트의 강점이 있는 라인 방식에는 다음과 같은 조건이 필요하다.

· 한 개 라인은 일정한 톤을 유지할 것
· 위아래 라인과 조화를 고려할 것

라인 방식으로 업로드하는 이유는 정돈된 레이아웃, 비주얼 임팩트 때문이다. 여기서 팁이 있다면 우선 한 개 라인(세 개 게시물)만 동일한 톤으로 맞춰서 올리는 것이다. 예를 들어 흑백 사진으로 통일해서 올리거나 푸른 숲을 배경으로 촬영해서 올리는 등 배경이나 색감, 밝기 등을 통일하는 것이다. 피드를 라인으로 구성해서 올릴 때 각각의 층이 구분되어 올라가면 정돈된 레이아웃을 만들 수 있다. 여기에 위아래 라인과의 조화까지 생각해서 올리면 전체적인 피드가 통일되어 보이겠지만 이는 고난이도의 작업을 요하기 때문에 쉽게 따라하긴 어렵다. 일반적으로 한 개 라인만 피드를 통일해도 멋진 피드 구성이 가능하다.

'바둑판 방식'은 가장 안정적인 피드 구성 방식이다. 라인 방식은 비주얼 임팩트를 주는 장점은 있지만 특별한 이유로 라인(세 개 게시물)이 아닌 한 개 게시물만 피드에 올리면 전체 구성이 망가질 수 있다. 만약 라인 방식과 같이 게시물을 준비하기 어려운 상황이라면 바둑판 방식을 고려해보자. 바둑판 방식은 게시물을 올릴 때마다 하나씩 밀려나면서 일정한 구성을 유지할 수 있기 때문에 안정적인 업로드 진행이 가능하다.

이 방식으로 업로드를 고려한다면 두 개의 각기 다른 콘셉트를 준비해보자. 이를 번갈아 올리면 정돈된 피드를 구성할 수 있다. 음식점은 음식만 촬영하는 콘셉트 하나와 음식을 먹는 손님의 모습을 담아낸 사진 콘셉트를 따로 준비해서 번갈아 올리고, 의류 쇼핑몰은 제품컷과 착용컷을 번갈아 올리는 방식으로 바둑판 모양의 레이아웃을 만들 수 있다. 생각보다 쉽고 부담없이 진행할 수 있어 추천한다.

지금까지 설명한 방법이 레이아웃에 따른 피드 구성 팁이었다면 지금부터는 피드 전체를 하나의 톤tone이나 콘셉트로 유지하면서 올리는 방법을 살펴보자.

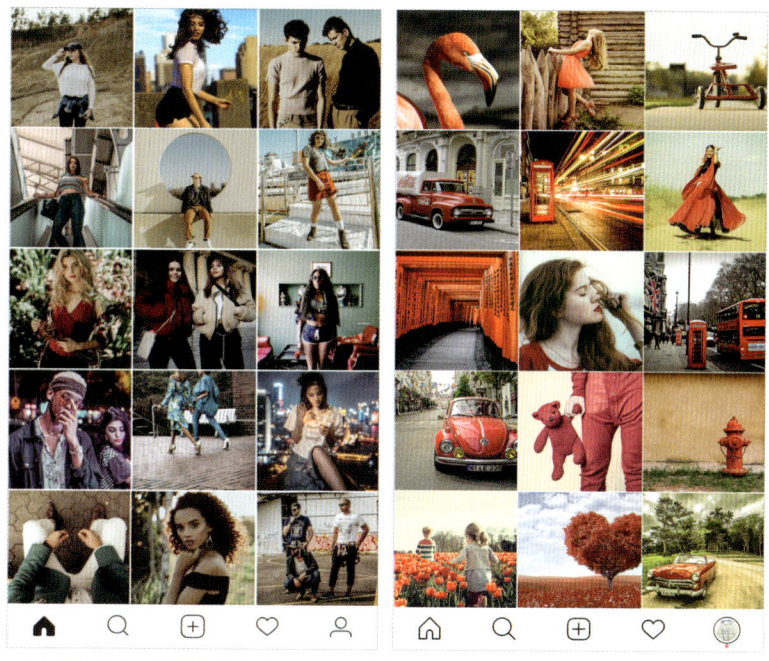

▲ 하나의 필터(좌)와 동일한 색상(우)으로 구성된 계정 피드

　첫째, 필터를 통일하는 방법으로 일관된 톤을 유지할 수 있다. 구도나 등장하는 물건, 사람의 모습이 다르더라도 같은 필터를 유지하면 전체적인 피드 느낌이 통일되어 보인다. 앞서 언급한 인스타그램 내 필터 중 하나를 골라 사용하는 방법 외에 앱스토어나 구글플레이에서 쉽게 다운로드받을 수 있는 사진 편집 앱의 필터도 활용해볼 것을 추천한다.

　둘째, 동일한 색상으로 구성하는 방법 역시 일관된 피드로 구성할 수 있다. 동일한 색상을 포함한 게시물만 업로드하면 게시물마다 등장하는 사람과 객체가 모두 달라도 정돈된 피드로 느껴진다. 브랜드 CI Corporate Identity 나 BI Brand Identity 의 색상을 게시물마다 포함시켜서 제작한다면 특정 컬러를 통한 브랜딩 효과를 거둘 수 있을 것이다.

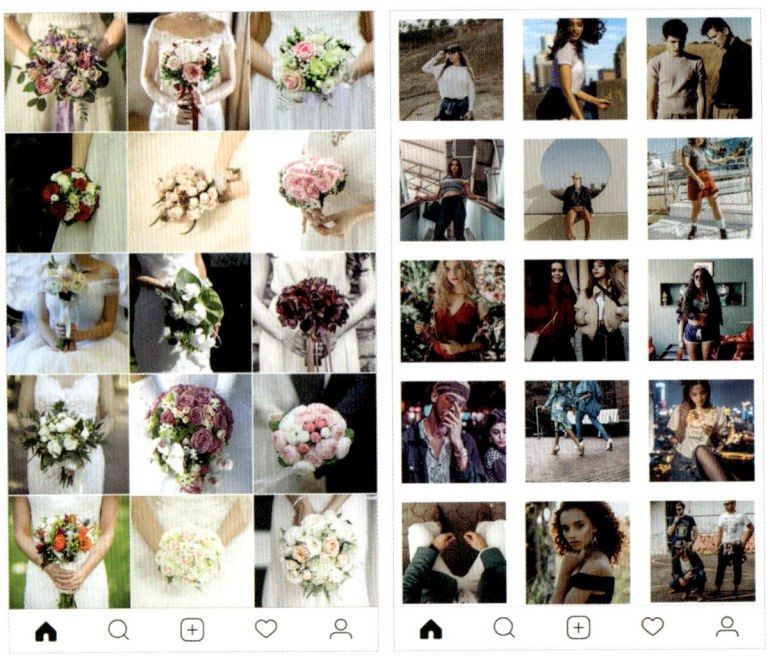

▲ 특정 구도(좌)와 여백(우)을 활용한 계정 피드

　만약 컬러나 밝기를 일관되게 유지하기 힘들다면 구도를 통일해보는 것도 방법이다. 만약 꽃을 직접 촬영하거나 인스타그램 사용자의 제보를 받아 게시물을 제작하는 계정의 경우 밝기나 색상을 통일하기 힘들다. 이때 구도를 맞추는 것이다. 손으로 꽃을 들고 있는 구도를 맞춤으로써 통일된 피드를 보여준다. 특히 여러 이미지를 모아서 제공하는 계정의 경우 특정 구도를 정해놓고 편집하는 방법을 추천한다.

　마지막으로 여백을 활용해서 피드를 구성하는 방법이다. 밝기나 컬러, 구도를 통일하지 못하는 경우 여백을 활용해 피드를 정돈할 수 있다. 인스타그램은 정사각형 프레임에 맞춰 피드에 노출되는데 여백을 활용하면 남들과 다른 구조로 노출시킬 수 있다. 사각 테두리에 일정한 두께의 프레임을 적용하거나 상하, 좌우에만 여백을 줄 수도 있다.

TIP

이미지에 여백을 적용할 수 있는 앱

여백을 활용해서 피드를 구성할 때 유용한 앱이 있다. 바로 스노우 앱이다. 스노우 앱으로 사진을 촬영하게 되면 상단에 '여백' 기능이 보인다. 이 기능을 활용해서 다양한 형식의 여백을 적용할 수 있다.

◀ 여백 기능을 제공하는 스노우 앱

여백 기능은 스노우뿐만 아니라 거의 대부분 사진 앱에서 제공되기 때문에 스마트폰에 설치된 사진 편집 앱을 잘 살펴보길 바란다.

피드 구성을 도와주는
외부 솔루션

게시물을 업로드하기 전 피드 구성을 계획해볼 수 있는 솔루션과 순서대로 원하는 시간에 게시물 업로드를 도와주는 예약 발행 서비스에 대해 알아보겠다. 소개하는 솔루션은 필자가 직접 사용해보고 만족도가 높았던 것이며, 무료로 사용이 가능하다. 단 일정 횟수나 더 나은 기능을 위해서는 일부 비용이 발생할 수 있어 다운로드 시 주의가 필요하다.

피드 구성 계획을 도와주는 '프리뷰'

프리뷰 Preview 앱은 피드 구성을 계획하는 기능 이외에도 예약 발행, 사진 편집, 계정 분석 등 다양한 기능을 제공한다. 단 해외 서비스이기 때문에 대부분 영어로 설명되어 있어 영어에 익숙하지 않다면 어려움을 겪을 수 있다.

◀ 피드 구성 계획, 예약 발행 등의 기능을 제공하는 프리뷰

지금부터 프리뷰가 제공하는 여러 기능을 온전히 활용해볼 수 있도록 자세히 설명하겠다.

피드 구성 계획 기능

프리뷰 앱을 활용해서 피드 구성을 미리 계획해볼 수 있다. 프리뷰 앱을 설치하고 회원 가입과 함께 인스타그램 계정을 연결하면 다음의 화면이 나온다.

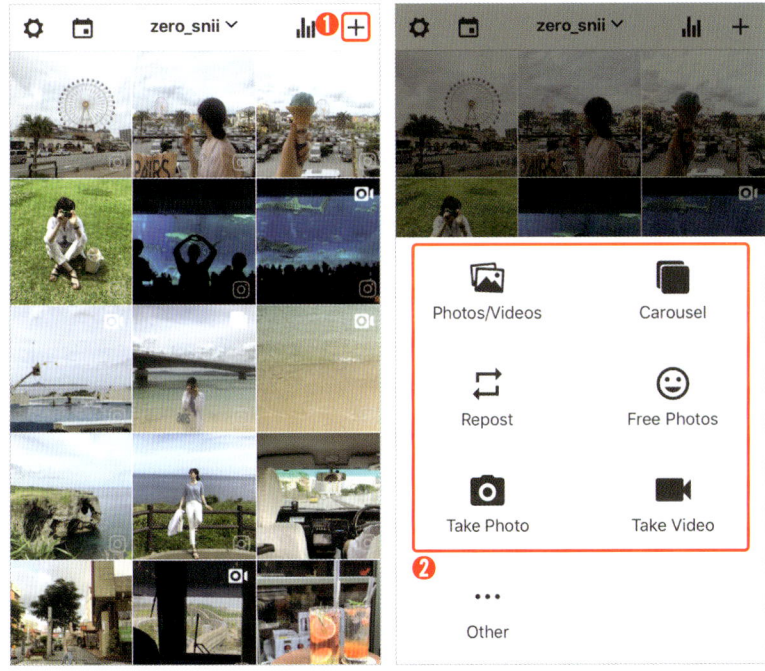

❶ 상단의 [+] 버튼을 누른다.
❷ 피드에 업로드가 가능한 다양한 양식 중 하나를 선택한다. 주요 양식은 두 가지이다. 'Photo/Videos'는 스마트폰에 저장된 사진을 가져오는 기능이다. 'Carousel'은 'Photo/Videos'와 달리 슬라이드

형태로 업로드하고 싶은 사진을 가져오는 기능이다.

❸ 프리뷰로 가져온 사진을 드래그로 옮기면서 인스타그램 계정의 피드를 구성한다.

사진을 업로드하기 전에 어떻게 하면 탐색하고 싶은 피드와 계정으로 구성할 수 있을지 프리뷰 앱의 이 기능을 활용해 미리 구성해본다면 피드를 통해 내 계정을 방문한 고객에게 매력적인 인상을 줄 수 있을 것이다.

게시물 예약 발행 기능

원하는 피드 구성을 계획했다면 이제 예약 발행을 통해 원하는 시간에 내 계정의 피드에 게시물을 업로드할 수 있다. 예약 발행 방법은 다음과 같다.

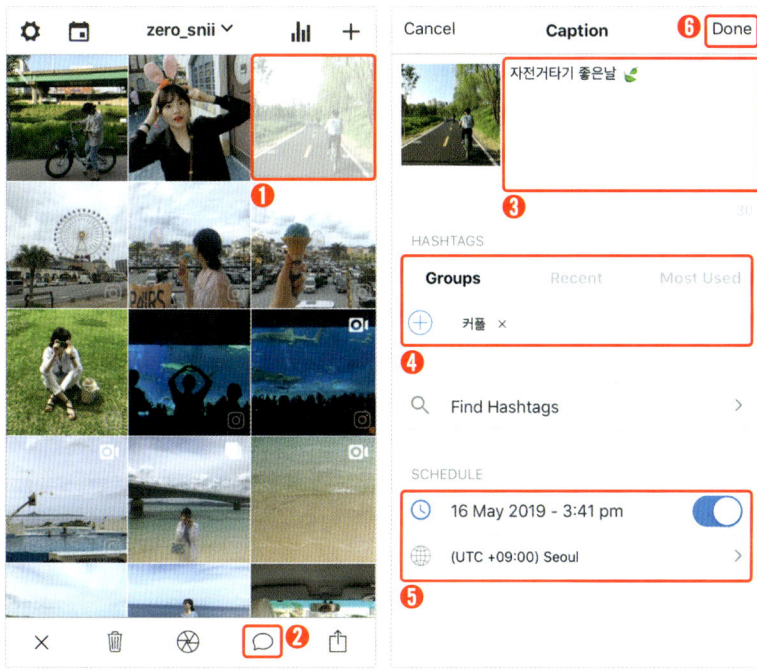

❶ 예약 발행을 할 이미지를 선택한다.

❷ 하단에 있는 말풍선(◯) 버튼을 클릭한다.

❸ 상단 'Write caption…'에 내용을 작성한다.

❹ 'HASHTAGS'에서 [Groups]를 클릭해 원하는 해시태그를 작성하고 저장한다.

❺ 'SCHEDULE'을 활성화하고 게시물을 올리고 싶은 날짜와 시간을 선택한다.

❻ 이미지와 게시할 내용, 해시태그, 예약 날짜를 확인한 뒤 [Done] 버튼을 누르면 예약이 확정된다.

여러 개의 게시물을 미리 등록하고 예약 기능을 적용하면 특정 시간에 맞춰 쫓기듯 업로드하거나 잊어버리고 올리지 못하는 상황에서 자유로워질 수 있다.

사진 편집, 계정 분석, 해시태그 찾기

프리뷰는 피드 구성 계획 및 예약 발행 기능 외에도 사진을 촬영하고 편집하거나 필터를 적용할 수 있으며, 계정 현황을 확인할 수 있는 분석 기능도 제공하고 있다. 그리고 적합한 해시태그를 찾아주기도 하는데 프리뷰 앱은 해외 서비스이다 보니 한글 해시태그에 대한 지원은 원활하지 않다. 해시태그의 경우는 앞서 소개한 스타태그 등을 활용하길 바란다.

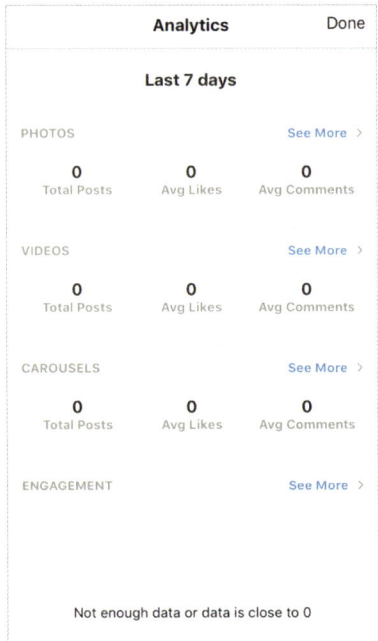

▲ 사진 편집(좌)과 계정 분석(우) 기능을 제공하는 프리뷰

프리뷰 앱이 피드 구성 계획, 예약 발행, 사진 편집, 계정 분석, 해시태그 지원 등 다양한 기능을 제공하는 만큼 사용법에 익숙해지면 인스타그램 운영 및 관리를 효율적으로 할 수 있을 것이다.

TIP

프리뷰처럼 피드 구성 및 예약 발행을 도와주는 앱

- Planoly: 피드 구성 계획, 예약 발행, 리그램, 계정 분석, 스토리 업로드 등을 제공한다.
- Later: 피드 구성 계획, 예약 발행, 리그램, 계정 분석 등을 제공한다. PC 작업에 용이하다.
- UNUM: 피드 구성 계획, 예약 발행, 계정 분석 등을 제공한다.

예약 발행 서비스 '스마트 포스트'

'스마트 포스트Smart Post'는 국내 서비스로 한글 지원이 되기 때문에 앞에 소개한 프리뷰 앱보다 접근하기 용이할 것이다.

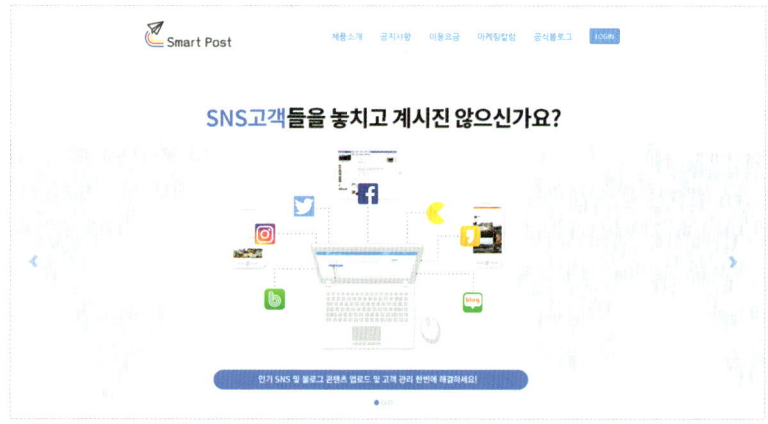

▲ 국내 예약 발행 서비스 스마트 포스트

예약 발행 전문 서비스인 스마트 포스트의 가장 큰 특징은 여러 SNS 채널을 함께 관리하면서 게시물을 업로드할 수 있다는 것과 PC 사용이 편리하도록 구성되어 있다는 것이다. 그리고 인스타그램 기준으로 하루 최대 세 건, 한 달에 최대 30건의 예약 게시물 업로드가 무료로 지원된다.

게시물 예약 발행 기능

스마트 포스트를 활용해서 게시물 예약 발행을 진행하기 위해서는 회원가입 후 게시물 등록을 원하는 SNS 계정을 연결해야 한다. 다음의 순서에 따라 게시물 예약 발행을 진행할 수 있다.

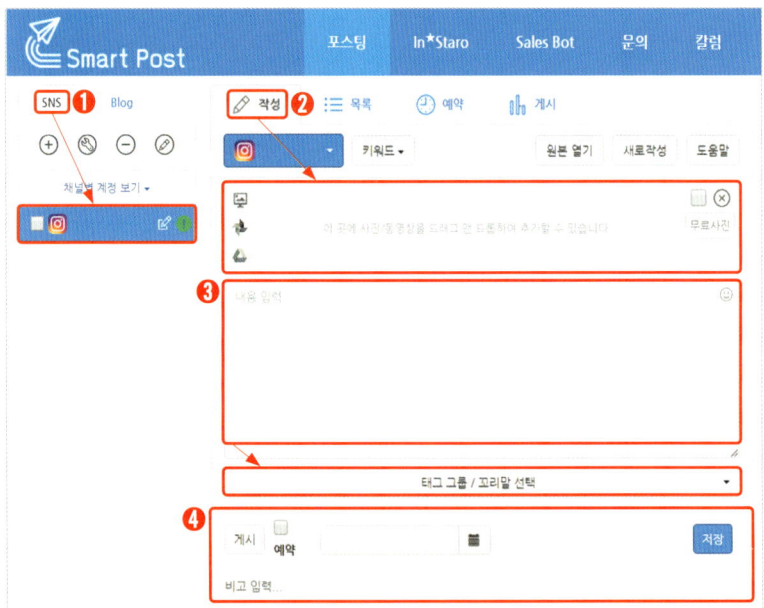

❶ 좌측 상단의 [계정] 기능을 활용해 미리 등록한 SNS 계정을 선택한다.

❷ [작성] 탭을 선택하고 게시물 등록을 원하는 이미지 및 동영상을 선택한다. 이미지와 동영상을 포함해 최대 열 개의 슬라이드 게시물 등록이 가능하다.

❸ 이미지와 동영상을 등록했다면 내용 및 히단의 캡션과 해시태그를 작성한다. 자주 등록하는 해시태그는 그룹으로 만들어 등록하면 편리하게 이용할 수 있다.

❹ 게시물 작성을 완료했으면 하단에 예약을 활성화하고 원하는 날짜와 시간을 설정한다.

스마트 포스트는 PC에서만 사용이 가능하기 때문에 주로 컴퓨터를 통해 업무를 진행하는 마케팅 담당자가 사용하기 편리할 것이다. 그리고 또 하나의 특징으로 네이버 블로그, 밴드, 카카오스토리, 페이스북 등 다수의 SNS에 동일한 게시물을 동시에 업로드할 수 있다는 점이 있다. 물론 각 채널의 성격에 맞게 콘텐츠를 수정해서 진행해야겠지만 여러 SNS를 함께 관리한다면 이 기능으로 좀 더 쉽게 관리할 수 있게 될 것이다.

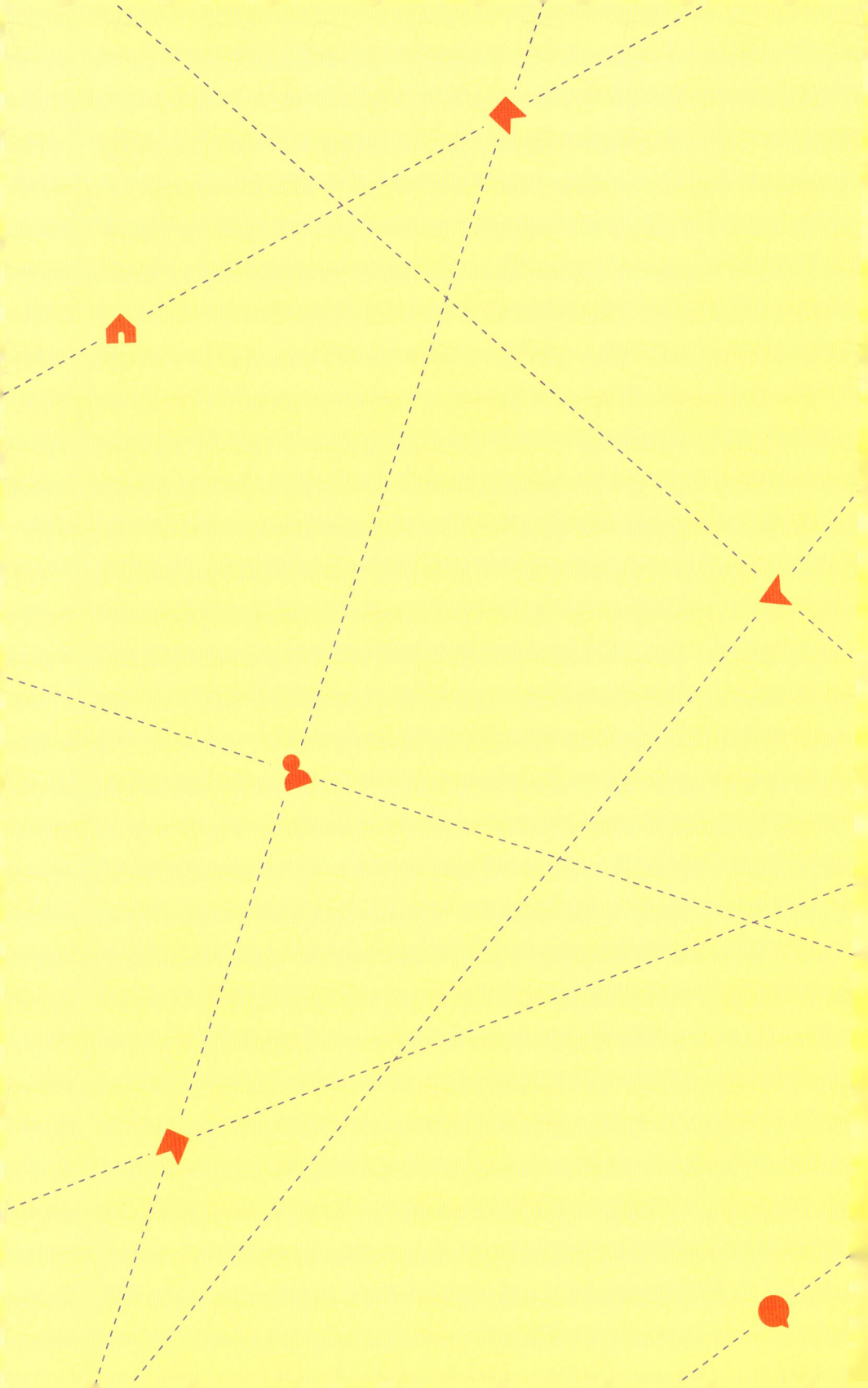

CHAPTER 4

쇼핑, 인스타그램 커머스

발견의 공간에서
구매를 위한 공간으로

2018년 5월 드디어 한국도 인스타그램의 쇼핑 기능이 적용됐다. 국내 대표 패션 및 뷰티 브랜드 다섯 계정에서 시범적으로 시행된 이후 일정 조건을 갖춘 계정이라면 누구나 사용할 수 있는 기능으로 확대되었다. 쇼핑 기능이 적용되면서 웹사이트 방문 횟수가 큰 폭으로 증가하는 등 일부 업체에서는 이미 그 효과를 톡톡히 보고 있다. 이와 관련해 인스타그램 프로덕트 마케팅 매니저 수잔 로즈(@susanbrose)는 2018년 5월 페이스북 커뮤니티 커넥트 행사에서 다음과 같이 설명했다.

영감을 받는 순간(발견의 순간)부터 구매를 고려하는 단계를 줄이기 위해 쇼핑 기능 도입

'쇼핑'이라는 키워드만 들으면 상업적인 느낌이지만 인스타그램 사용자에게 쇼핑은 재미있는 콘텐츠가 되기도 한다. 쇼핑 기능이 적용되기 전에는 인스타그램 피드를 스크롤하다가 발견한 제품에 대한 정보를 얻는 일이 쉽지만은 않았다. 제품에 대한 구매 정보를 얻기 위해 댓글이나 DM을 보낸 뒤 기다리거나 메인 계정으로 이동해 사이트 링크를 클릭하고 원하는 상품을 직접 찾는 수고를 해야 했다. 페이스북 등 다른 SNS는 서비스 초창기부터 게시물에 웹사이트 링크를 삽입할 수 있었지만 인스타그램은 메인 계정에 있는 단 한 개의 링크 외에는 별도의 사이트 이동이 어려웠다.

◀ 쇼핑 기능 적용 전 댓글로 제품 구매를 문의하던 인스타그램

　쇼핑태그 적용 전에는 제품의 재고, 색상이나 사이즈 등 제품 구매 시 궁금할 만한 정보를 댓글이나 DM으로 물어보는 모습이 흔히 볼 수 있는 광경이었다. 이런 성가신 과정이 계속되면서 인스타그램 사용자는 불편할 수밖에 없었다. 피드에서 발견한 제품 정보를 얻는 과정에서 구매로 이어지는 흐름이 끊기는 것이다. 하지만 쇼핑 기능은 흐름이 끊기지 않도록 도움을 주고 있으며 판매로 연결시킬 수 있는 고마운 서비스이기도 하다. 피드 속 제품을 좋아요를 누르듯 클릭 한두 번만으로 구매 단계로 이동하는 일은 인스타그램이 커머스라는 새로운

역할을 수행할 준비가 되었다는 것을 의미한다.

◀ 쇼핑태그로 성과를 내고 있는 해외 브랜드

해외 브랜드인 네이티브 유니언의 커뮤니티 관리자 타냐 켈러는 인스타그램 쇼핑 기능 적용 이후 인스타그램을 통한 트래픽이 약 2662% 증가하고 매출은 두 배 상승했다고 밝혔다(출처: BigCommerce).

현재 다수의 팔로워를 확보하고 있는 브랜드 계정들은 쇼핑 기능을 통해 새로운 고객을 창출하거나 매출을 상승시키는 등 성과를 보이고 있다. 당장의 매출 성과는 크지 않더라도 인스타그램을 통해 제품을 알리는 새로운 기회로 인식하자.

인스타그램 커머스의 가능성

인스타그램 쇼핑 기능이 적용되면서 이를 우려하는 목소리도 나오고 있다. 너무 상업적으로 변질되는 것은 아닌가 걱정하는 것이다. 물론 쇼핑 콘텐츠로 인해 상업적으로 변질될 수 있다는 의견에는 일부 동의하지만 쇼핑이라는 주제는 하나의 좋은 콘텐츠가 될 수 있다고 생각한다.

우리는 구매를 목적으로 쇼핑하기도 하지만 재미와 흥미를 위한 쇼핑 경험을 즐기기도 한다. 백화점이나 온라인 쇼핑몰에 들어가 아이 쇼핑하는 모습이 대표적이다. 물건을 구매하지 않더라도 보는 즐거움이 주는 경험은 꽤 흥미로운 콘텐츠 영역이다.

인스타그램도 이를 알고 있는 듯 쇼핑을 전면으로 내세우는 몇 가지 기능을 계속해서 적용하고 있다. 가장 큰 변화는 둘러보기 내 샵 카테고리이다. 기존의 둘러보기는 특정 카테고리 구분 없이 하나로 노출되었지만 특정 주제만 모아서 보여주는 기능이 추가되었다. 그리고 그 안에 샵 주제가 생기면서 쇼핑 자체를 콘텐츠로 만들기 위해 노력하고 있다.

◀ 인스타그램 둘러보기 내 샵 카테고리

    인스타그램은 각 사용자의 행동 패턴이나 관심사를 분석해 둘러보기 내 콘텐츠를 제안한다. 내가 원하지 않는 쇼핑 정보가 둘러보기 내에 노출되면 스팸으로 인식되겠지만 좋아할 만한 것을 큐레이션해서 보여준다면 좋은 정보가 된다. 인스타그램은 앞으로도 이를 최적화하기 위한 노력을 계속할 것으로 보인다.

    두 번째로 눈여겨봐야 할 것은 쇼핑 게시물을 저장하는 기능이다. 인스타그램은 특정 게시물을 저장할 수 있는 컬렉션 기능을 제공하고 있다. 계속 간직하고 싶을 만큼 좋은 콘텐츠를 저장하고 이후에도 볼 수 있도록 하는 기능인데, 최근에는 인스타그램 피드를 통해 발견한 새로운 상품을 저장하는 상황이 자주 연출되면서 쇼핑 탭 자체를 저장할 수 있도록 한 것이다.

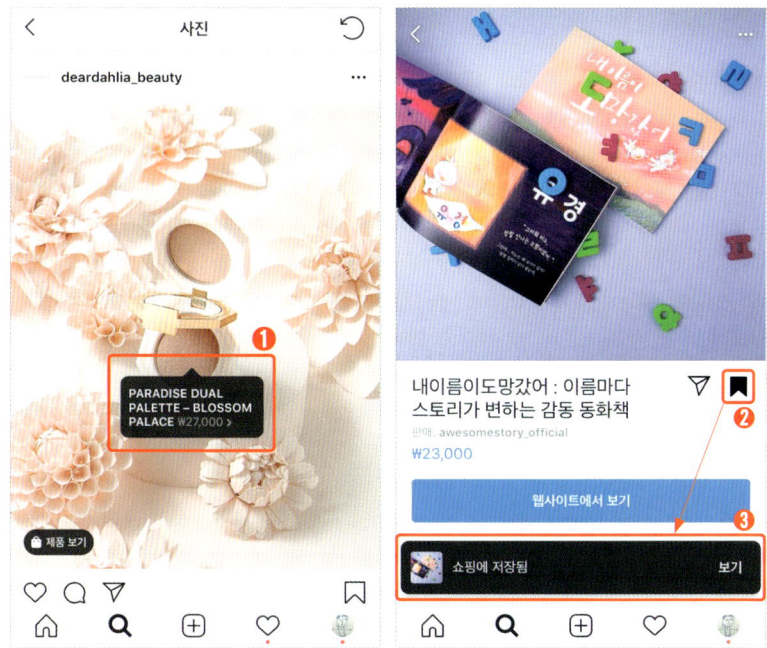

▲ 쇼핑 탭(좌)과 쇼핑 탭 저장 기능(우)

 저장하는 방법은 간단하다. 구매할 의도가 있는 제품을 인스타그램 피드에서 발견하면 게시물을 터치해 쇼핑 탭을 열고 이를 클릭하면 (❶) 그림과 같은 화면이 나온다. 이때 하단 제품명 옆에 있는 책갈피 모양의 저장 버튼을 누르면(❷) 인스타그램 컬렉션에 '쇼핑' 항목이 자동 생성되면서 저장된다(❸).

 이런 행동 패턴은 온라인 쇼핑몰에 들어가서 원하는 제품을 발견하면 구매하기 전 위시리스트나 장바구니에 담는 단계와 많이 흡사하다. 인스타그램은 피드 등에 노출되는 특정 카테고리 광고의 타기팅 데이터나 추후 결제 기능 추가로 수수료를 받기 위해 이와 같은 사용자 패턴을 분석하지 않을까 예상한다.

 세 번째로 주목해야 할 부분은 인스타그램 스토리에도 쇼핑 탭을 적용할 수 있다는 점이다. 스토리는 인스타그램에 제공하는 서비스 중 가장 성공적인 상품이다. 나이가 어린 타깃층을 중심으로 빠르게 확산되면서 피드에서 전달할 수 없는 감성을 전하는 중요한 서비스이기도 하다. 이제는 스토리 영역에서도 쇼핑 탭을 발견할 수 있게 되었다. 이로 인해 내 상품이나 비즈니스를 알릴 수 있는 공간이 하나 더 생겼으며, 스토리에서 준 영감이 그대로 구매 과정으로 이어질 수 있게 되었다. 별도의 광고 비용 없이도 기존 팔로워나 잠재고객을 끌어모으고 구매 단계로 불러올 수 있기 때문에 매일 꾸준히 활용해볼 것을 추천한다.

다음은 인스타그램 비즈니스 블로그 게시물 중에서 2018년 1월에 조사한 설문조사를 발췌한 것이다.

미국의 여성 Instagram 사용자 중 42%가 쇼핑을 매우 좋아하며 취미로서 즐긴다고 응답했습니다.

인스타그램에서 쇼핑 기능이 적용되면서 브랜드는 좀 더 많은 고객에게 제품을 선보일 수 있는 기회를 얻게 되었으며 고객은 자신이 좋아하는 브랜드나 제품을 탐색할 수 있게 되었다. 쇼핑이라는 주제는 대부분 사람이 좋아하는 콘텐츠이며 인스타그램이 줄 수 있는 감성을 이용한다면 몰입도 높은 쇼핑 경험을 제공할 수 있을 것이다. 스팸인지 정보인지는 이 지점에서 판가름 난다고 할 수 있다. 고객이 내 비즈니스를 좋아하는 이유를 찾고 이를 인스타그램 감성으로 전달한다면 좋은 쇼핑 콘텐츠를 만들 수 있을 것이다.

2019년 3월 인스타그램은 쇼핑과 관련된 중요한 발표를 했다. 인스타그램 내에서 결제가 가능한 인앱 결제 기능인 체크아웃 Checkout에 대한 발표였다.

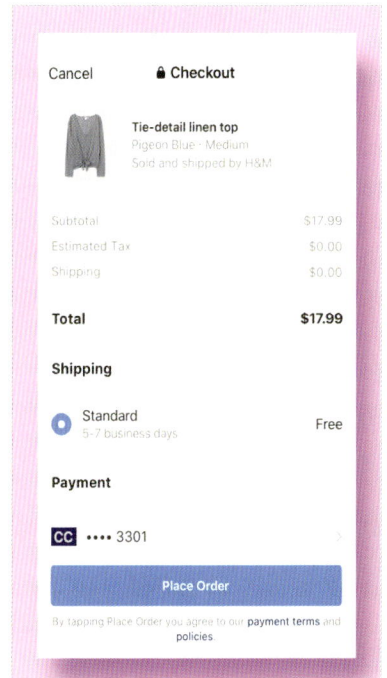

◀ 인스타그램 체크아웃 기능 도입

　2018년 5월 쇼핑태그를 소개하면서 이미 예견된 일이지만 체크아웃 도입으로 인해 인스타그램에서의 신규 고객 창출뿐만 아니라 구매 결정까지 모두 할 수 있게 되었다.

　이제 온라인에서 제품을 판매하기 위해 온라인 쇼핑몰을 오픈해야 하는 번거로움 없이 인스타그램 계정에 사진과 글을 작성해 올리는 것만으로도 대체할 수도 있게 되었다. 블로그와 온라인 쇼핑몰이 합쳐진 형태인 네이버 스마트 스토어의 SNS 버전이라고 생각하면 이해하기 쉬울 것이다.

　체크아웃 기능은 미국 지역에서만 테스트하고 있지만 이를 마치고 나면 단계별로 전 세계에 적용될 것이다. 인스타그램 발표에 따르면 매일 1억 3천만 명 이상이 쇼핑태그를 누르고 있다고 한다. 인스타그램 사용자의 약 80% 이상이 브랜드 계정을 팔로우하고 있기 때문에 관심 있는 브랜드의 제품을 구매하기 위해 인스타그램을 이용하는 일은 곧 실현될 것이라고 본다.

체크아웃 기능으로 네이버 쇼핑이나 쇼핑 앱 서비스 등 커머스 플랫폼 사업자들은 위협으로 느낄 수 있다. 하지만 온라인에서 물건을 판매하는 장벽이 인스타그램을 통해서 좀 더 낮춰지고 더 많은 판매자가 시장에 참여하게 된다면 전체 시장이 커질 것이다. 당장은 위협이 되겠지만 결국 전체 시장이 커지는 효과 또한 무시하지 못할 것이다.

인스타그램의 커머스 플랫폼으로서의 가능성에 대한 이야기를 듣기 전까지는 인스타그램을 다른 SNS와 다를 것이 없다고 생각했을 것이다. 만약 당신이 온라인에서 제품을 판매하는 사업자이거나 앞으로 계획이 있다면 향후 몇 년은 인스타그램이 큰 역할을 할 것이다. 인스타그램 계정의 팔로워 확보는 웹사이트의 회원 가입을, 쇼핑태그 저장 기능은 온라인 쇼핑몰의 위시리스트나 장바구니 담기를 연상시킨다. 네이버 등 포털 사이트에서 검색으로 원하는 제품을 찾듯이 인스타그램 해시태그를 활용해서 제품을 만나고 구매하게 될 가능성 또한 높다.

상대적으로 시간과 비용, 노동이 많이 들어가는 온라인 쇼핑몰을 만들지 않고 인스타그램 계정이 그 역할을 대신한다는 것이 결코 과장된 말은 아니다. 별도의 웹사이트 없이 오픈마켓이나 네이버 스마트스토어를 개설하듯 인스타그램이 그렇게 되지 말라는 법은 없다. 이제 SNS와 온라인 쇼핑몰이 합쳐진 새로운 흐름과 마주해야 할 때이다.

쇼핑 기능 설정 가이드

인스타그램 계정을 개설하기만 하면 바로 쇼핑태그가 적용되고 결제 기능을 사용할 수 있다면 좋겠지만 현실은 그렇지 않다. 쇼핑태그 적용을 위해서는 몇 가지 조건과 설정이 필요하다. 그리고 이에 대한 가이드를 인스타그램에서 제공하지도 않는다. 공식적으로 발표된 가이드가 없기 때문에 지금부터 필자의 경험을 통해 쇼핑태그 팁을 설명하겠다.

포털 사이트에 '인스타그램 쇼핑태그'를 검색하면 이를 대행하는 많은 업체가 광고하고 있다. 쇼핑태그 기능을 적용하기 쉽다면 대행 상품이 존재하지 않을 것이다. 대행 비용은 보통 몇 십만 원 수준으로 결코 적지 않다. 아직 쇼핑태그를 적용하지 못했다면 지금부터 알려주는 가이드를 하나씩 실행하자. 조만간 쇼핑태그를 계정에서 만나볼 수 있을 것이다.

쇼핑태그 적용을 위해서는 계정 구조와 함께 페이스북 페이지 설정, 페이스북 페이지샵 기능을 살펴봐야 한다. 페이스북이 인스타그램을 인수하면서 두 SNS의 관계는 깊어졌다.

계정 구조 살펴보기

인스타그램의 쇼핑태그를 누르면 해당 웹사이트로 이동할 수 있다. 그런데 인스타그램에서 마음에 드는 게시물을 발견하고 쇼핑태그를 누르면 곧바로 해당 웹사이트로 넘어가지 않고 '어딘가'를 통해서 이동한다.

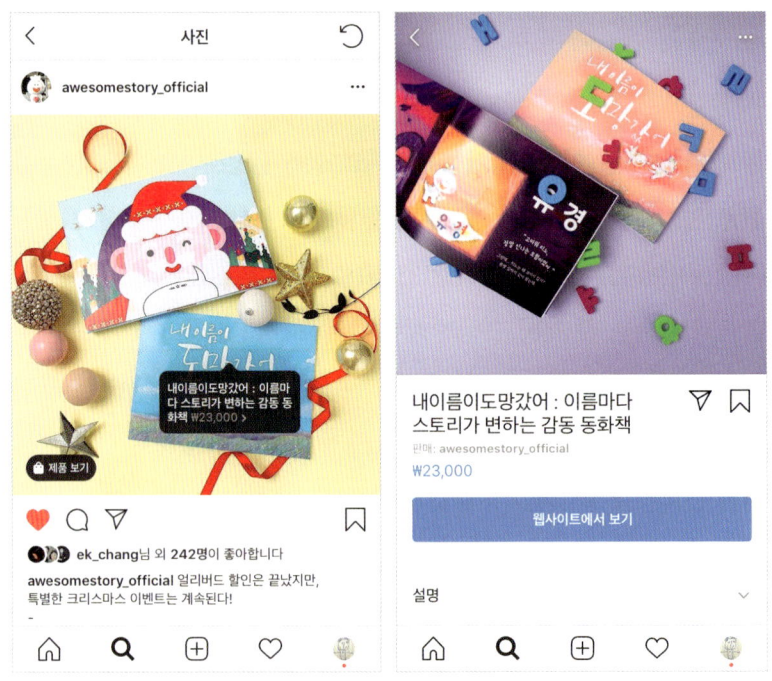

▲ 쇼핑태그(좌)와 쇼핑태그를 눌렀을 때 이동하는 페이스북 페이지샵(우)

'어딘가'는 페이스북 페이지의 샵 또는 카탈로그이다. 인스타그램에 쇼핑태그를 적용하는데 왜 페이스북이 자꾸 등장하는지, 어떤 관련이 있는 것인지 의아할 수도 있다. 하지만 다음에 소개할 인스타그램과 페이스북의 계정 구조를 살펴보면 왜 페이스북이 등장하는지 이해할 수 있을 것이다.

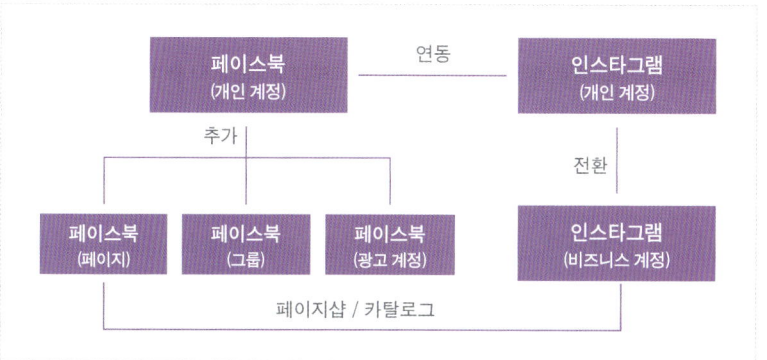

▲ 인스타그램과 페이스북의 계정 구조도

　인스타그램과 페이스북 모두 개인 계정이 최상위에 위치한다. 페이스북은 개인 계정을 먼저 개설한 뒤 페이스북 페이지, 광고 계정, 그룹 등을 개설할 수 있다. 이는 개인 계정이 없어지지 않고 추가되는 개념이다. 반면 인스타그램은 개인 계정에서 비즈니스 계정으로 전환되는 개념이다. 비즈니스로 전환하면 개인 계정의 역할이 비즈니스로 바뀐다. 개인 계정에서 비즈니스 계정으로 전환할 때 가장 먼저 나오는 화면은 페이스북 로그인이다. 그리고 다음 화면에서 페이스북 페이지를 선택하게 된다. 비즈니스 계정으로 전환하면서 쇼핑태그를 적용하고 싶다면 쇼핑태그를 통해 이동하는 샵이 포함된 페이스북 페이지와 그 페이스북 페이지를 만든 개인 계정에 로그인되어야 한다.

　즉 인스타그램에 쇼핑태그를 적용하기 위해서는 페이스북 페이지의 샵이 필요하며, 이 샵과 연결하기 위해서는 해당 페이스북 페이지와 이를 만든 개인 계정이 인스타그램 계정과 연동되어야 한다.

　그러나 여기서 난감한 상황이 발생하기도 한다. 페이스북 페이지의 샵을 모두 등록한 뒤 인스타그램 계정으로 전환할 때 아무리 해도 해당 페이스북 페이지가 연결 리스트에 보이지 않는 것이다. 여러 가지 이유가 있겠지만 보통 페이스북과 계정 연동이 잘 안 된 경우이다. 구조도 최상위에 있는 개인 계정이 서로 연동되는 조건은 매우 다양한데 일반적으로 동일한 이메일 주소나 전화번호를 사용할 경우 그리고 동일한 스마트폰에서 페이스북과 인스타그램 계정을 만들었을 때 잘 연동된다. 만약 이런 경우가 아니라면 비즈니스 계정 전환 시 선택한 페이지에 샵을 등록하는 방법도 생각해볼 수 있다.

페이스북 페이지에 샵 등록하기

페이스북 페이지의 샵은 페이지에 방문한 고객이 제품에 대한 정보를 알아보거나 구매하기 위해 웹사이트로 이동할 수 있도록 하는 기능이다. 이 기능이 인스타그램 쇼핑태그에 적용된다. 엄밀히 말하자면 적용보다는 쇼핑태그와 웹사이트 연결을 돕는다고 할 수 있다.

샵은 다음과 같은 방법으로 만들 수 있다.

▲ 페이스북의 페이지샵 추가하기

페이지를 만들면 기본적으로 좌측에 몇 개의 탭이 있다. 여기에 [샵]이 없다면 페이지 내 '설정 > 템플릿 및 탭 > 탭 추가'를 누른다.

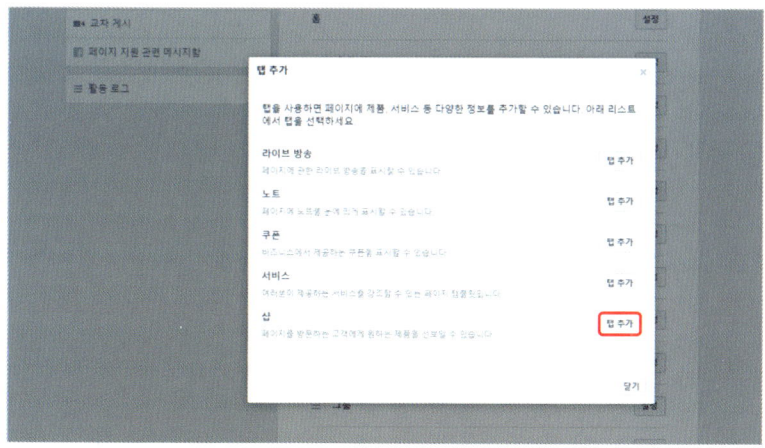

▲ 페이스북의 페이지샵에 제품 등록하기 1

여러 탭 리스트 중 '샵'의 [탭 추가]를 클릭한다.

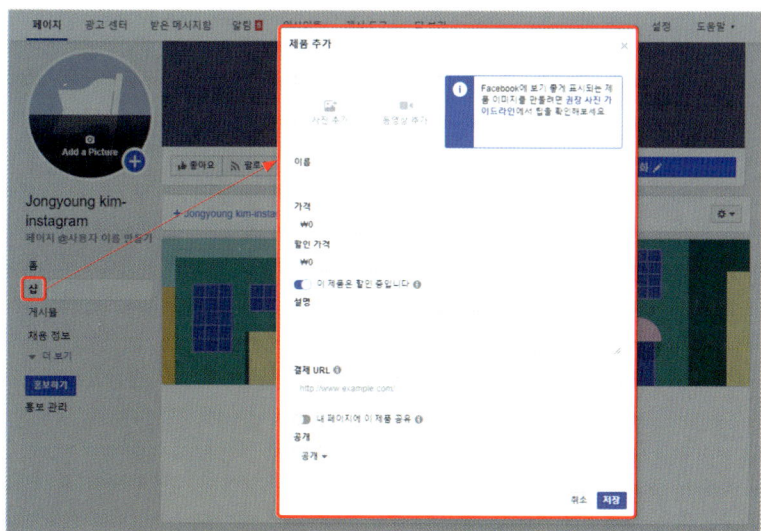

▲ 페이스북의 페이지샵에 제품 등록하기 2

[샵] 버튼이 만들어졌다면 '샵 > 제품 추가'를 클릭하고 제품을 등록하면 된다. 단 모바일에서는 제품 등록을 할 수 없으니 PC를 통해서 진행해야 한다. 제품 사진과 함께 '이름', '가격', '결제 URL' 등을 설정할 수 있는데 고민해야 할 부분이 제품명과 금액이다. 여기에 입력한 제품명과 금액이 인스타그램 쇼핑태그에 보여지기 때문이다. 금액은 정가와 할인가를 함께 작성하는 방식으로, 고객의 쇼핑태그 클릭을 유도할 수도 있으며, 제품명에 무료 배송이나 후기 숫자 등을 함께 언급한다면 고객의 흥미를 끌 수 있을 것이다.

페이스북 페이지 설정하기

마지막으로 페이스북 페이지 설정을 변경해보자. 페이스북 페이지에 샵을 등록하고 해당 샵이 인스타그램 계정에 연동되었음에도 쇼핑태그가 적용되지 않는 경우가 있다. 이때 먼저 살펴볼 부분이 바로 페이스북 페이지 템플릿이 쇼핑으로 적용되었지 확인하는 것이다.

▲ 페이스북 페이지 템플릿을 쇼핑으로 바꾸기

페이스북 페이지의 '설정 > 템플릿 및 탭'을 클릭한다. 여기에서 [템플릿] 버튼을 클릭하면 페이지의 템플릿을 변경할 수 있는데 보통 일반으로 되어 있는 경우가 많으며 이를 쇼핑으로 바꾸면 된다.

지금까지 가이드에 따라 페이스북과 인스타그램 계정을 연동하고 해당 페이스북 페이지에 샵을 등록한 뒤 페이지 템플릿을 쇼핑으로 전환하면 대부분 쇼핑태그가 적용된다. 빠르면 하루, 최대 2주 안에 적용될 것이다. 이 방법은 실제 쇼핑태그 대행 업체 방식이며 필자 역시 이를 통해 많은 업체의 쇼핑태그 적용에 도움을 줬다. 이제 방법을 알았으니 지금 당장 하나씩 활용해보길 바란다.

인스타그램에서 광고하기

인스타그램 광고는 페이스북 광고 관리자나 계정을 비즈니스로 전환한 뒤 게시물 홍보를 통해서 할 수 있다. 먼저 인스타그램 계정에서 바로 광고하는 방법을 알아보겠다.

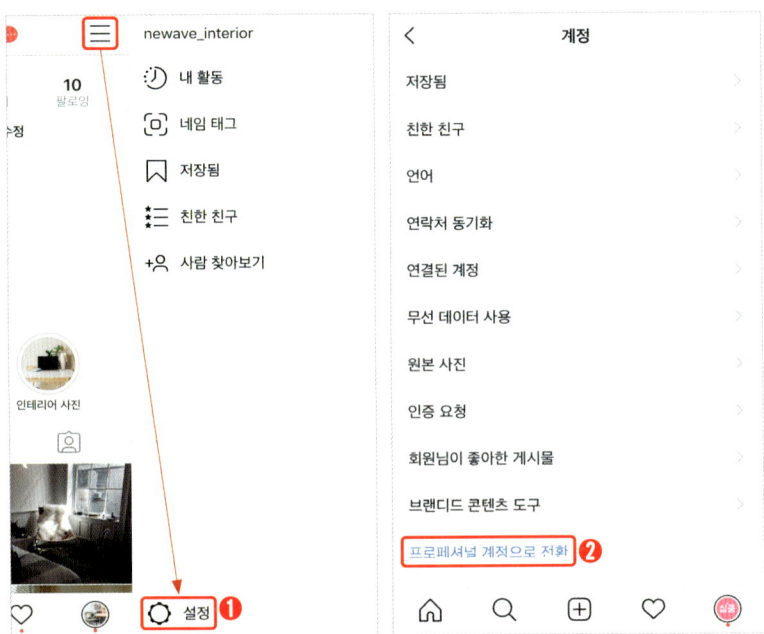

❶ 인스타그램 게시물을 홍보하기 위해서는 개인 계정을 비즈니스 계정으로 전환해야 한다. 먼저 비즈니스 계정으로 전환할 계정 피드로 이동한다. '더보기 > 설정'을 클릭한다. 설정할 수 있는 다양한 메뉴 목록이 나타난다.

❷ '알림', '공개 범위', '광고', '결제' 등의 여러 메뉴 중 '계정 > 프로페셔널 계정으로 전환 > 비즈니스'를 선택한다.

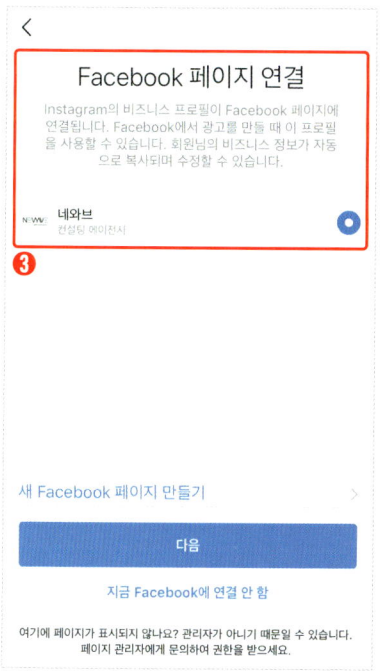

❸ 페이스북 로그인, 페이지 선택, 연락처 정보를 입력하면 손쉽게 비즈니스 계정으로 전환할 수 있다. 상황에 따라 사전에 페이스북과 인스타그램 계정간 연동된 경우 페이스북 로그인 단계가 생략되고 페이지 선택이 먼저 나올 수 있다. 연결을 원하는 페이스북 페이지를 선택한다.

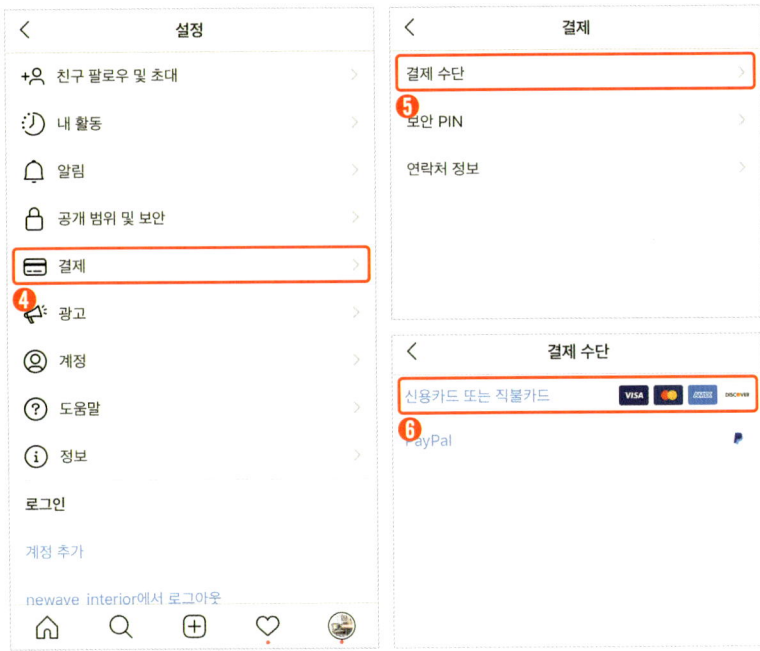

❹ 인스타그램 계정을 비즈니스로 전환했다고 바로 광고를 진행할 수 있는 것은 아니다. 광고 비용을 결제할 수 있는 결제 수단을 추가해야 게시물 옆에 있는 [홍보하기] 버튼이 활성화된다. 결제 수단을 추가하기 위해 '설정 > 결제'를 클릭한다.

❺ '결제 수단', '보안 PIN', '연락처 정보' 세 가지 항목 중에서 '결제 수단'을 선택한다.

❻ 인스타그램에서 결제가 가능한 카드사의 신용카드 또는 체크 카드를 등록한다.

여기까지 했다면 이제 인스타그램을 통해서 직접 홍보를 진행할 수 있다. 지금부터 인스타그램 게시물에 있는 [홍보하기] 버튼을 눌러 광고해보도록 하자.

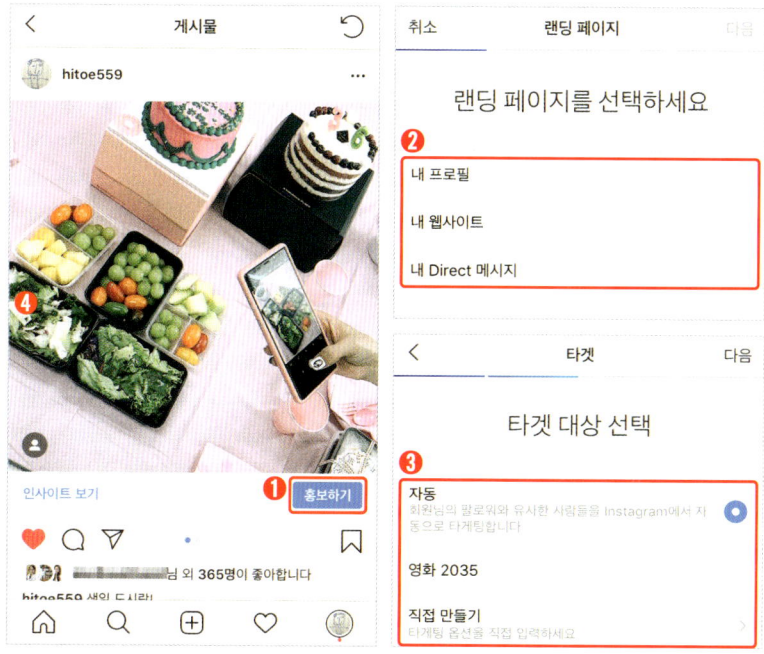

❶ 앞선 과정으로 생성된 게시물 우측에 있는 [홍보하기] 버튼을 클릭한다.

❷ '랜딩 페이지'를 선택하는 화면이 나오는데 광고에 노출된 고객을 '내 프로필(계정)'로 이동시키거나 '내 웹사이트' 또는 '내 Direct 메시지'로 연결할 수 있다. 이 중에서 무엇으로 할지 하나를 선택하고 다음을 누른다.

❸ '타겟'을 선택할 수 있다. 해당 게시물 광고를 노출시킬 대상을 선택하는 것이다. 여기서 '자동'은 내 계정의 팔로워와 유사한 성향을 가진 사람을 인스타그램에서 찾아서 노출시켜주는 것으로 페이스북 광고의 '유사 타겟'과 비슷하다. 만약 직접 광고 타깃을 만들고 싶다면 '직접 만들기'를 통해 나이와 성별, 위치, 관심사 등을 직접 선택하면 된다.

❹ 이제 '예산 및 기간'을 설정한다. 광고 노출 기간과 비용을 조정할 수 있고 이를 완료하면 바로 광고 진행이 가능하다.

페이스북 광고 관리자를 통해 광고를 진행해봤다면 인스타그램 게시물의 [홍보하기]에서 제공되는 설정 범위에 아쉬울 수 있다. 페이스북 광고 관리자는 내 광고를 본 고객이나 특정 기간 내 웹사이트를 방문한 고객 등 다양한 타깃 대상에게 광고를 내보낼 수 있는 기능을 제공하기 때문이다.

만약 내 인스타그램 계정을 방문하거나 게시물에 참여한 고객을 대상으로 광고를 진행해보고 싶다면 페이스북 광고 관리자를 활용하면 된다. 페이스북 광고 관리자를 통해 광고를 진행하고 싶다면 먼저 광고 계정을 만들어야 한다. 인스타그램 계정과 연동된 페이스북 개인 계정에 광고 계정을 만들어야 하며 순서는 다음과 같다.

❶ 페이스북에 로그인 한 뒤 상단의 '만들기 > 광고'를 클릭한다.

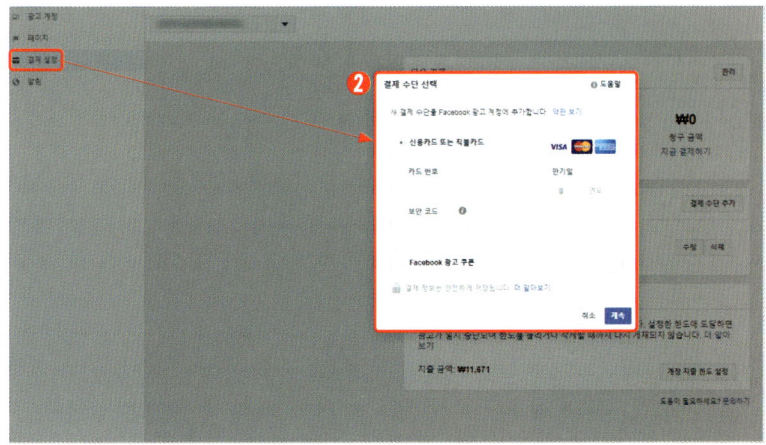

❷ 광고비 결제를 위해 '결제 설정 > 결제 수단'을 추가한다. 여기까지 완료하면 '광고 관리자'로 이동한 뒤 광고 만들기를 시작하면 된다.

❸ '캠페인 > 목표'를 선택한다. '브랜드 인지도', '트래픽', '잠재 고객 확보', '앱 설치' 등 거의 대부분의 광고 목표에서 인스타그램 광고가 가능하다.

캠페인 목표를 선택하면 '타겟', '노출 위치', '예산 및 일정'을 설정할 수 있는 '광고 세트'로 이동하게 된다.

❶ '노출 위치'를 클릭한다.

❷ '자동'이 아닌 '선택'을 누른 뒤 인스타그램 노출 위치를 '피드'로 선택하면 인스타그램 홈 피드 지면에 광고를 노출시킬 수 있다.

| 주의! | 해시태그 검색이나 인스타그램 계정에서 광고 확인이 안 된다? |

페이스북 광고 관리자에서 인스타그램을 노출 위치로 놓고 광고를 진행하면 해당 광고 소재는 인스타그램 게시물의 [홍보하기]와 달리 해시태그 검색이나 인스타그램 계정 등에서 확인할 수 없다. 해당 광고는 오직 스폰서 Sponsored 에서만 노출된다. 페이스북 광고에 익숙하지 않아 페이스북 '광고 관리자'를 통해 진행된 광고가 인스타그램 계정에 업로드된다고 잘못 알고 있는 경우가 많으니 이 점에 유의하자.

'광고 세트'에서는 광고를 노출시킬 '타겟'을 선택할 수도 있다. 만약 인스타그램 계정이나 게시물에 참여했던 사용자를 대상으로 광고를 진행한다면 사이트 방문이나 매출 향상에 도움이 될 것이다. 당신을 모르는 사용자에게 광고를 하는 것보다 이미 알고 있고 친숙한 고객에게 광고를 보여주는 편이 효과나 효율에서 더 좋은 것은 당연하다.

❶ '타겟 만들기 > 맞춤 타겟 > 참여'를 클릭한다.

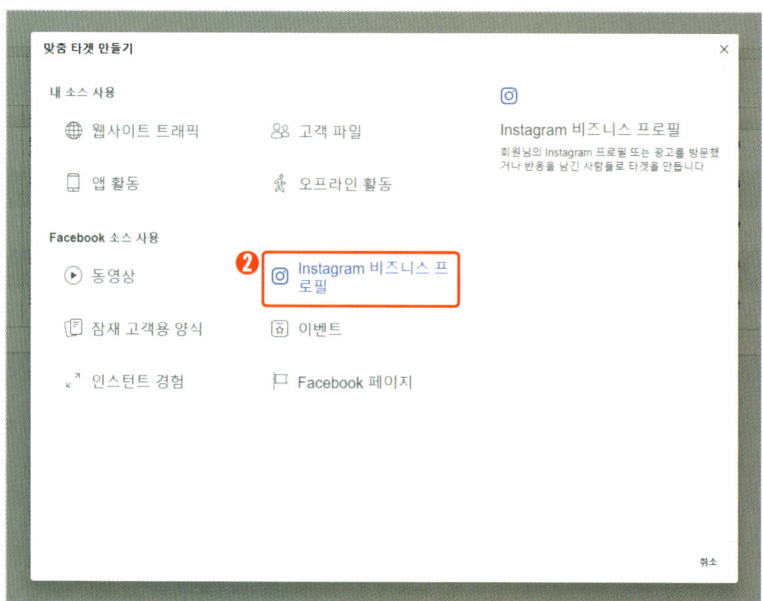

❷ '맞춤 타겟 만들기'의 'Facebook 소스 사용'에서 'Instagram 비즈니스 프로필'을 선택한다.

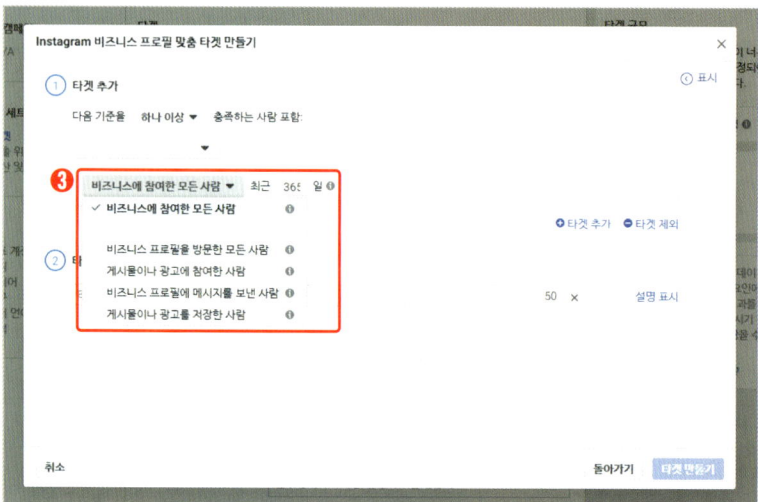

❸ 'Instagram 비즈니스 프로필 맞춤 타겟 만들기' 창이 뜬다. '비즈니

스 프로필을 방문한 모든 사람'부터 '게시물이나 광고에 참여한 사람', '비즈니스 프로필에 메시지를 보낸 사람', '게시물이나 광고를 저장한 사람' 등 다양한 기준을 활용해서 타깃을 만들 수 있다. 그리고 해당 기준에 부합하는 대상을 기간별로 구분해서 만들 수도 있다. 여기에서 타깃을 만들면 추후 광고 관리자를 통해 광고를 진행할 때 '광고 세트 > 타겟'에서 미리 만든 인스타그램 관련 타깃을 만나볼 수 있다.

이외에도 페이스북과 다른 인스타그램 광고 노출 방식인 스토리 광고에 대해서 알아보겠다. 페이스북 광고 관리자로 이동해 설정할 수 있다.

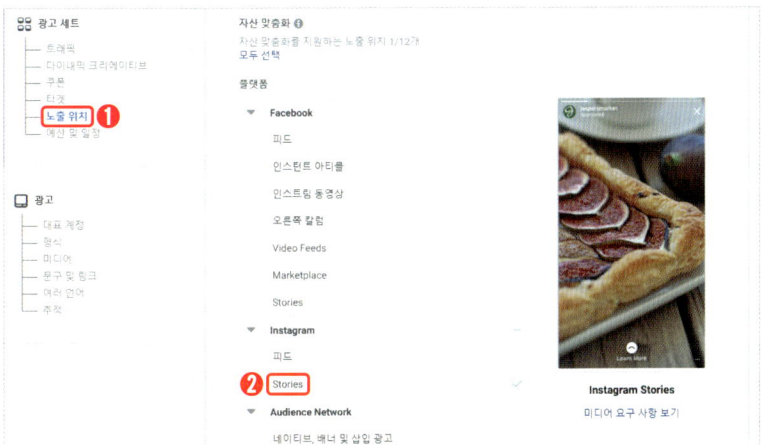

❶ '광고 세트 > 노출 위치'를 선택한다.
❷ '노출 위치 수정'을 보면 '플랫폼'이 있다. 'Facebook', 'Audience Network', 'Messenger' 등이 있다. 'Instagram > Stories'를 체크한다.

❸ 스토리 광고는 인스타그램 피드와 달리 모바일 화면을 세로로 꽉 채운 지면을 제공한다. 최근에는 페이스북에도 스토리가 적용되었지만 스토리는 인스타그램에 적합한 노출 방식이기 때문에 페이스북보다 인스타그램에서 더 익숙하다.

인스타그램 스토리 광고는 페이스북 광고 관리자를 통해서만 가능하다. 추후 인스타그램에서 바로 광고하는 기능이 생길 수도 있지만 현재는 광고 관리자를 활용해야만 한다. 스토리 광고는 세로형으로 노출되기 때문에 이에 맞는 세로형 광고 소재를 별도로 제작해서 노출시키는 것이 효과적이다.

필자의 경험상 기존의 페이스북, 인스타그램 피드 광고 소재를 그대로 스토리에 노출시키는 것보다 세로형 소재를 따로 제작해서 광고하는 편이 더 좋은 성과를 보였다. 귀찮을 수도 있지만 인스타그램 스토리 광고 소재는 노출되는 방식에 맞춰서 제작하길 바란다.

지금까지 인스타그램 쇼핑에 대해서 알아봤다. 쇼핑 기능은 인스타그램 사용자를 '연결→발견→탐색'에 머무르지 않고 '쇼핑' 단계로 진입시켰다. 마케팅 담당자나 온라인 판매 사업자라면 쇼핑 기능을 통해 좀 더 많은 고객을 내 웹사이트로 방문시킬 수 있다. 그리고 체크아웃 기능 등 앱 내 결제가 적용된다면 인스타그램 계정 개설로 온라인 쇼핑몰 오픈을 대신할 수도 있다. 인스타그램은 쇼핑이라는 경험을 콘텐츠로 만드는 데 주력할 것이며 개인화된 쇼핑 경험을 제공함으로써 자연스럽게 구매로 이어질 수 있도록 할 것이다. 커머스가 적용될 인스타그램을 단순히 SNS로 보지 말고 그 흐름에 맞춰 준비해 기회를 잡자.

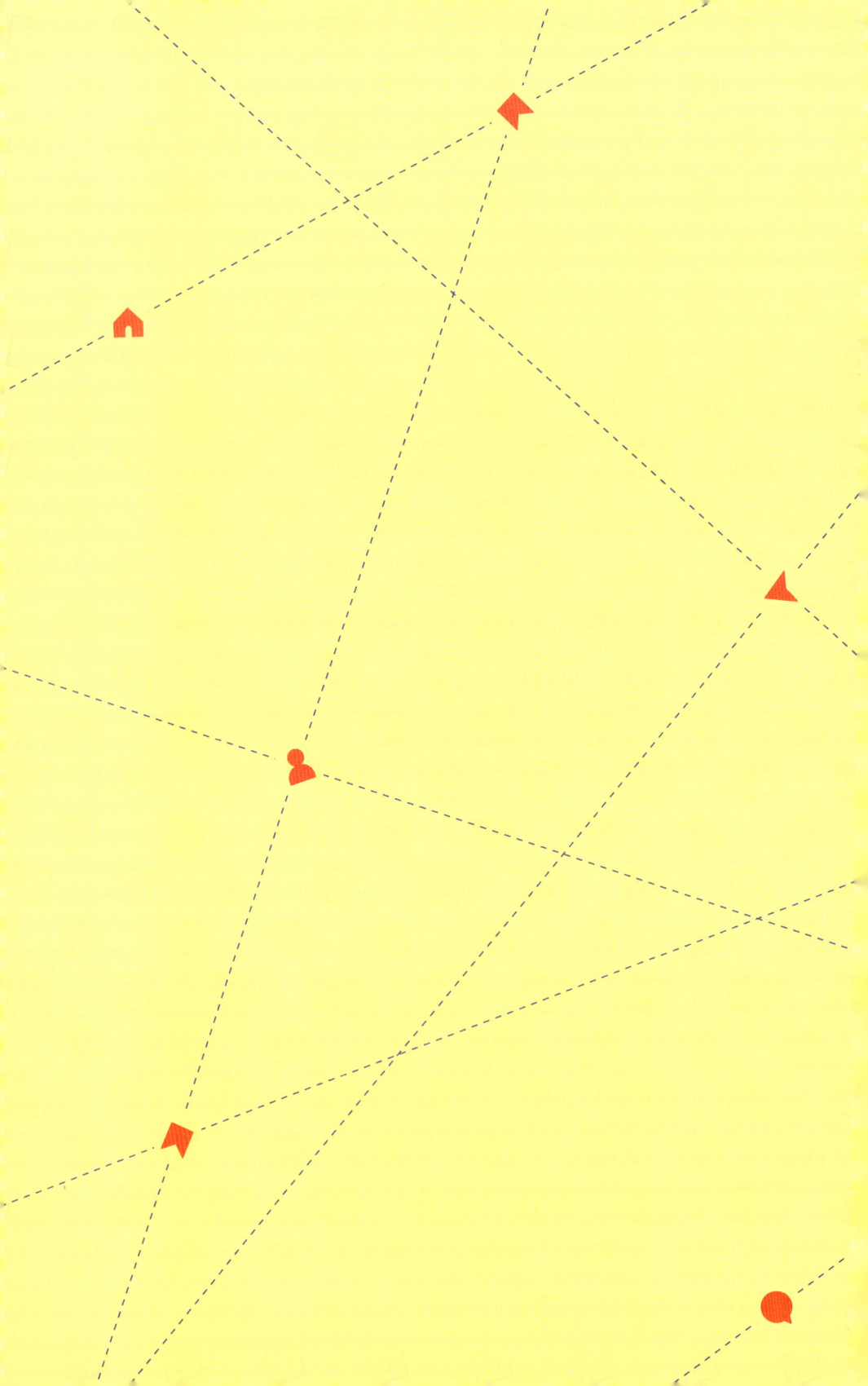

게시물 외
나를 알릴 수 있는
다양한 기능

인스타그램 스토리란?

2016년 8월 인스타그램에 스토리가 적용되기 시작했다. 인스타그램 홈 피드 상단의 동그라미 아이콘을 누르면 세로형 콘텐츠가 모바일 화면을 채우며 노출되는 방식이었다. 스토리는 업로드 후 24시간이 지나면 사라지는 특징이 있으며, 북미 지역 10대들이 주로 사용하는 스냅챗Snapchat의 한 기능인 스토리를 거의 비슷하게 차용했다. 이를 두고 인스타그램이 스냅챗을 카피했다는 지적도 있었지만 스토리 기능을 출시한지 약 2개월 만에 일간 시청자 수가 1억 명을 돌파하며 성공적으로 안착했다. 그리고 2019년을 기점으로 인스타그램 스토리 일활동사용자수Daily Active Users, DAU는 5억 명을 넘어섰다.

인스타그램 스토리의 매력은 무엇이기에 이런 성공을 거둘 수 있었을까? 인스타그램 피드와 다른 스토리만의 소통 방식이 많은 사람에게 사랑받는 가장 큰 이유일 것이다.

인스타그램 스토리는 의도적으로 삭제하지 않는 한 영구적으로 남는 피드와 달리 24시간이 지나면 사라져 피드에 멋진 사진을 남겨야 한다는 강박에서 벗어나 자유롭게 콘텐츠를 업로드할 수 있다.

특별한 순간이 아닌 아무것도 아닌 일상을 공유하고 내 가족과 친구가 올린 부담스럽지 않은 콘텐츠를 소비하면서 좀 더 적극적인 참여가 가능해졌다. 이는 진정성 있는 모습을 확인하는 공간이라는 인식과 함께 실시간으로 친구의 소식을 확인할 수 있어 더욱 친밀한 소통을 가능하게 했다.

◀ 인스타그램 스토리

또 다른 성공 요인으로는 세로로 노출되는 지면이 주는 몰입감이다. 스토리는 모바일 화면을 세로로 가득 채우며 노출되기 때문에 다른 간섭 없이 콘텐츠를 소비할 수 있다. 이는 브랜드 입장에서 보면 아주 좋은 소통 방식이다. 스토리를 통해 콘텐츠를 업로드하거나 스토리를 광고로 활용할 때 이에 노출된 고객은 온전히 내 브랜드가 전달하는 메시지에 집중할 수 있다. 이런 몰입감을 통해 브랜드를 더 친숙하게 느끼거나 관심을 유도할 수 있기 때문에 이미 많은 브랜드가 스토리를 활용한 홍보에 집중하고 있다.

스토리 기능 활용하기

스토리는 어떻게 만들고 활용해야 하는지 알아보자. 인스타그램 스토리를 만드는 두 가지 방법이 있다. 홈 피드 상단의 왼쪽에 위치한 카메라 아이콘(⌾)을 누르고 인스타그램이 제공하는 다양한 카메라 기능을 활용해서 촬영하거나 기존에 촬영했던 사진이나 동영상으로 만들 수 있다.

◀ 인스타그램 스토리 내 카메라 기능

스토리에 활용할 수 있는 카메라 기능은 일반, 수퍼줌, 아웃 포커스 등 다음과 같다.

- **일반**: 일반적인 사진 촬영이나 최대 15초 분량의 영상을 촬영하는 기능
- **BOOMERANG(부메랑)**: 1초 분량의 움짤 영상을 만들 수 있는 기능
- **수퍼줌**: 줌인(zoom in)하고 싶은 사람이나 물체를 촬영하면 음악과 함께 단계별로 줌인되는 제작 기능
- **아웃 포커스**: 사람의 얼굴 이외 배경을 흐릿하게 만들어 인물이 부각되는 기능
- **역방향 재생**: 거꾸로 재생되는 동영상을 만드는 기능
- **핸즈 프리**: 영상을 구간별로 끊어서 촬영하는 기능

총 여섯 개의 카메라 기능을 제공하고 있으며 창의적인 콘텐츠 제작을 도와주는 새로운 기능이 추가되고 있다. 이런 기능을 활용하면 영상 촬영에 대한 특별한 재능이 없이도 손쉽게 재미있고 독특한 영상을 만들 수 있기 때문에 많은 사용자가 이 기능을 활용하고 있다.

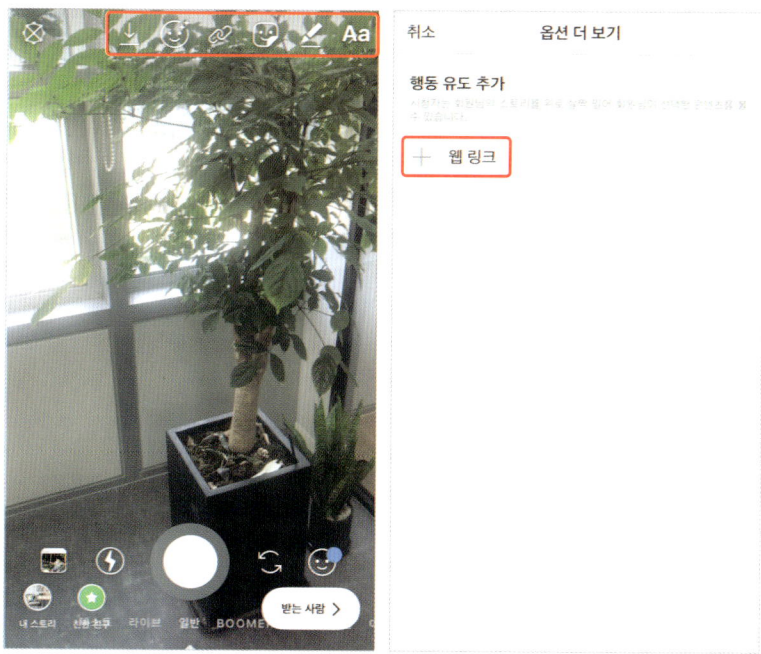

▲ 스토리 내 꾸미기(좌)와 링크(우) 기능

이런 카메라 기능을 활용해서 스토리 제작을 위한 촬영을 완료하면 화면 상단에 얼굴 필터(☺), 링크(🔗), 스티커(☻), 스케치(✎), 텍스트(**Aa**)를 활용해서 스토리 꾸미기를 진행한다. 이 중에서 주목해서 봐야 될 기능은 링크와 스티커이다.

링크는 내 계정에 연결된 IGTV 또는 외부 웹사이트 링크를 적용할 수 있다. 외부 웹사이트 링크는 계정 팔로워 숫자가 일정 규모 이상이 되어야 활용할 수 있으며, IGTV는 규모와 상관없이 IGTV 채널이 있다면 연결할 수 있다.

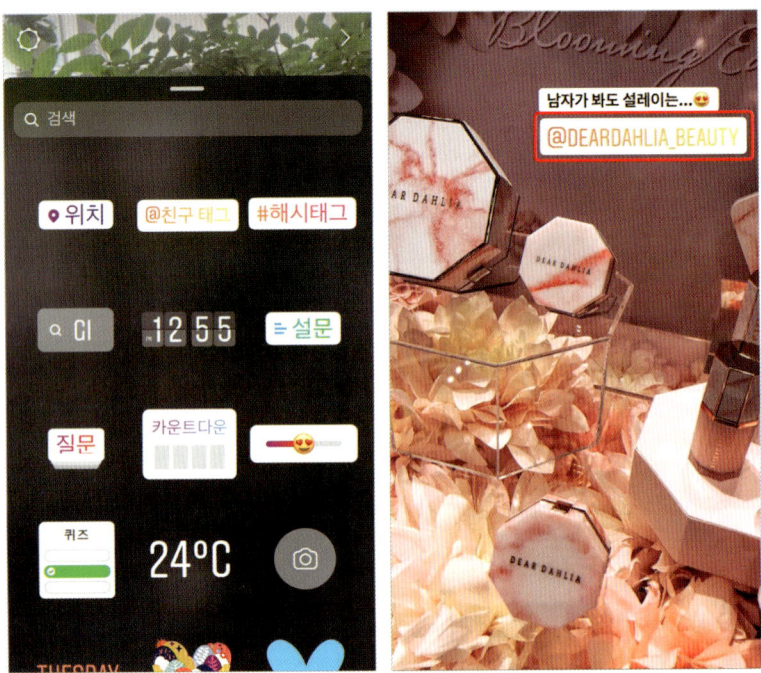

▲ 스토리 내 스티커 기능(좌) 및 계정태그 스티커(우)

스티커 기능은 태그, GIF, 참여 스티커로 구분할 수 있다. 첫 번째로 태그 스티커의 경우 계정, 해시태그, 위치 등을 태그할 수 있는데 계정태그를 통해서 내 계정으로 방문시키거나 친구나 가족 또는 특정 브랜드의 계정을 태그하는 방식으로 사용한다. 만약 팔로워 규모로 인해 웹사이트 링크 적용이 어렵다면 내 계정을 태그하는 방식으로 계정 내 링크로 유도할 수 있다. 그리고 해시태그와 위치태그 스티커는 특정 해시태그나 위치를 검색하는 사용자의 검색 결과에 반영되기 때문에 꼭 활용해야 한다.

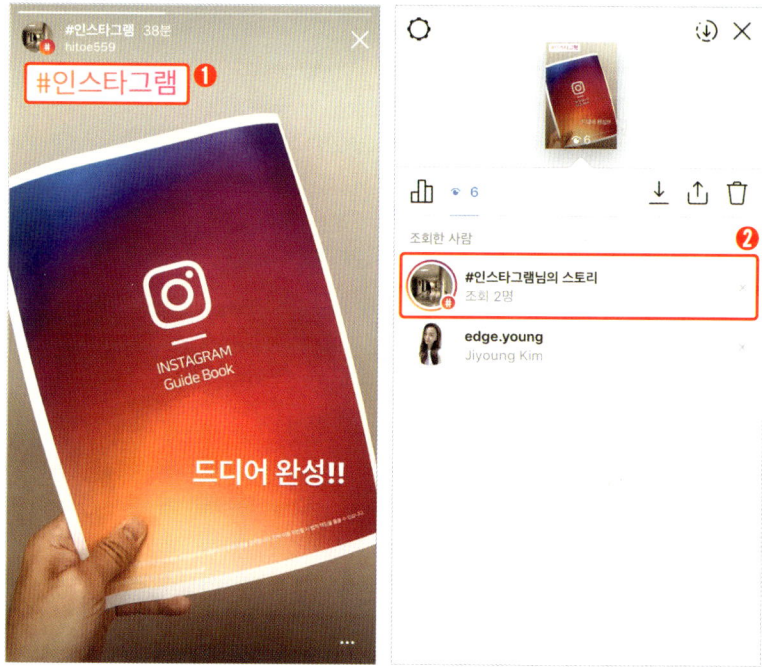

▲ 해시태그 스티커(좌)와 조회된 현황(우)

필자는 스토리를 올릴 때 스토리 주제에 맞는 해시태그를 포함한다. 주로 검색 가능성이 높다고 판단되는 해시태그 스티커(❶)를 포함하는데 해당 스토리에 노출된 사람을 확인해보니 해시태그를 통해 조회된 현황(❷)을 확인할 수 있었다. 이들은 '#인스타그램' 검색 결과의 상단에 노출되는 인스타그램 스토리를 통해 필자의 스토리를 조회한 것이다.

◀ 해시태그 검색 결과 상단에 노출된 인스타그램 스토리

어떻게 된 일인지 확인하기 위해 해당 해시태그인 '#인스타그램'을 검색해보니 상단 동그라미 영역(❸)에서 필자가 올린 콘텐츠를 확인할 수 있었다. 이는 위치태그 스티커에도 동일하게 적용된다. 만약 태그 스티커를 포함하지 않았다면 검색을 통한 확산은 기대하기 어려웠을 것이다.

참여 스티커는 설문, 질문, 카운트다운, 인터렉티브 이모티콘 슬라이더 등 총 네 가지 종류를 활용할 수 있다. 내가 올린 스토리에 노출된 인스타그램 사용자의 참여를 유도할 수 있으며 운영 방법이 서로 다르다.

▲ 참여 스티커(좌)와 질문 및 인터렉티브 이모티콘 슬라이더 스티커(우)

　질문 스티커를 활용하면 특정 주제에 대한 사용자의 질문을 스토리에서 받을 수 있다. 필자는 지방 출장을 가면서 미리 지역 맛집을 소개해달라는 질문 스티커를 올린 경우가 많다. 이에 많은 사용자가 그 지역 맛집을 추천했다.

　그리고 인터렉티브 이모티콘 슬라이더를 활용할 수도 있다. 특정 제품에 대한 선호도를 파악하거나 점수를 매기는 등 대답하기에 애매한 질문에 이 기능을 활용한다면 좀 더 적극적인 고객 참여를 이끌어낼 수 있다. 이 두 개의 스티커를 활용해서 고객의 의견을 취합하는 등 다양한 방식으로 활용하는 것이 좋다.

　카운트다운 스티커는 신제품 출시나 특정 기간에 진행되는 이벤트를 미리 알리는 방식으로 활용이 가능하다.

▲ 카운트다운 스티커(좌)와 설문 스티커(우)

　카운트다운 스티커가 포함된 스토리에 노출된 인스타그램 사용자는 알림받기를 통해 디데이가 다가왔을 때 알림을 받을 수 있다. 평소에 관심을 가지던 브랜드가 이 기능을 통해 미리 할인 이벤트를 예고한다면 카운트다운 알림받기를 신청하고 이벤트 기간 내 제품을 구매하게 될 것이다.

　설문 스티커를 예/아니오 중 하나를 선택하거나 질문에 대한 답변을 두 개로 나눠서 설문을 받을 수 있는 기능이다. 필자는 맛집 소개 계정에 이 기능을 활용해본 경험이 있는데 많은 사용자가 설문 스티커에 참여하는 등 재미있다는 반응을 보였다. 그리고 새로운 기능이 나와 테스트 차원에서 진행했던 설문 스티커를 통해 흥미로운 사실을 발견했다. 스토리를 통한 사용자의 참여가 스토리 자체에서 그치는 것이 아니라 계정 방문을 유도한 것이다.

▲ 인스타그램 스토리를 통한 계정 활성화

보통 계정에 업로드한 게시물은 짧게는 몇 시간, 길게는 만 이틀이 지나면 더 이상 좋아요나 댓글 생산이 급격히 감소한다. 그런데 스토리에 참여한 사용자가 계정으로 이동한 뒤 계정 내 게시물을 소비하고 좋아요와 댓글을 남기면서 계정이 활성화된 것이다. 별도의 광고 비용 없이도 계정이 홍보되는 효과이다. 스토리는 24시간 뒤에 사라지기 때문에 제작에 있어 부담이 덜한 편이다. 하루에 한 번 이상 이를 활용해 일상 공유나 참여 스티커 등 재미있는 콘텐츠를 스토리에 올린다면 광고 비용 없이도 고객의 계정 방문을 유도할 수 있다.

인스타그램 스토리는 피드와 다른 소통 방식을 취하고 있다. 세로형 지면, 24시간 뒤 사라지는 콘텐츠라는 명확한 특징을 가지고 있는 만큼 그 활용도 피드와 달라야 한다. 가벼운 일상을 공유하거나 피드에 올리기에는 조금은 부족한 B컷 등을 스토리에 공유해보자. 그리고 이벤트를 알리거나 공지사항을 공유할 때 스토리를 적극적으로 활용해보면 좋다. 피드에 이벤트를 공지하자니 탐색하기 좋은 피드 구성을 망치게 될 것 같아 고민이 될 수도 있다. 이때 이벤트를 스토리에 공유한다면 그 고민은 간단히 해결될 것이다.

인스타그램 하이라이트란?

인스타그램 하이라이트는 24시간 뒤면 사라지는 스토리를 별도로 보관하고 노출시키는 공간이다. 이 공간은 인스타그램 프로필(계정)에 보관할 수 있으며, 24시간이 지난 뒤에도 계속 스토리를 볼 수 있도록 했다. 이제 브랜드는 스토리가 주는 영감을 그대로 하이라이트에 보관하고 고객들에게 좀 더 오랫동안 공유할 수 있게 되었고, 브랜드가 전달하는 메시지를 더욱 풍성하게 구성할 수 있다. 2017년 12월에 등장한 하이라이트가 무슨 역할을 하는지 그리고 어떻게 활용해야 하는지 지금부터 알아보도록 하겠다.

하이라이트는 인스타그램 계정에서 확인할 수 있다. 계정 소개글과 피드 사이의 동그란 모양의 아이콘을 누르면 스토리를 앨범처럼 묶어서 노출시키는 하이라이트를 확인할 수 있다. 이 영역은 설정을 통해 만들 수 있기 때문에 사용자의 선택에 따라 계정에 노출시킬 수도 있고 계정에서 제외시킬 수도 있다. 만약 어떤 계정에 들어가서 하이라이트를 확인할 수 없다면 그 계정 사용자가 아직 스토리를 보관할 수 있는 하이라이트를 만들지 않았다고 판단해도 된다.

◀ 인스타그램의 하이라이트 및 보관 기능

하이라이트를 만드는 방법은 간단하다. 하이라이트를 만들기 위해서는 한 개 이상의 스토리를 미리 만들어야 한다. 당신의 계정을 통해 스토리를 만들었다면 이 스토리들을 보관 영역에서 확인할 수 있는데, 보관 영역에는 지금 노출되고 있는 스토리뿐만 아니라 24시간이 지난 스토리까지 모두 보관하고 있다. 보관은 계정 좌측 상단에 위치한 시계 모양(⏳)의 아이콘을 누르면 확인할 수 있다. 또한 인스타그램 스토리뿐만 아니라 계정 피드에서 보관으로 옮겨 놓은 게시물도 확인할 수 있다.

인스타그램 스토리를 만들었거나 이미 스토리가 있다면 이제 하이라이트를 만들어보자. 보관 영역으로 이동하면 다음과 같은 순서에 따라 하이라이트를 만들 수 있다.

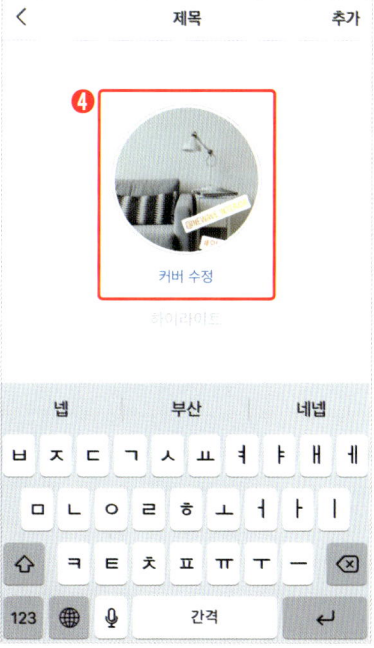

Chapter 5 게시물 외 나를 알릴 수 있는 다양한 기능 | 175

❶ 보관 상단의 세 개의 점으로 된 버튼을 누른다.
❷ [하이라이트 만들기]라는 버튼이 나타나고 클릭한다.
❸ 하이라이트로 만들 스토리가 등장하며 한 개 이상의 스토리를 선택한 뒤 다음으로 이동한다.
❹ 다음 화면에서 커버 이미지와 함께 하이라이트의 이름을 설정할 수 있는데 원하는 목적에 따라 이미지와 이름을 만들면 바로 계정 하이라이트를 만들 수 있다.

인스타그램은 스토리를 24시간 뒤에 사라지지 않게 만들거나 시간을 연장하는 방법을 사용해도 됐을 텐데 왜 굳이 기존 스토리를 24시간 뒤에도 확인할 수 있도록 하이라이트라는 기능을 도입했을까? 이에 대한 정확한 답변을 들을 수는 없지만 인스타그램 피드와 스토리가 하기 어려운 역할을 하이라이트를 통해 해소하고 싶어하는 것만은 분명하다.

하이라이트의 역할 세 가지

많은 브랜드가 하이라이트의 역할과 그 활용에 대한 고민을 하고 있고 그 역할은 크게 세 가지로 정리된다.

첫째, 카드뉴스와 같은 정보성 콘텐츠를 저장할 수 있다. 정보성 콘텐츠를 전달하기 용이한 카드뉴스는 인스타그램보다 페이스북에 적합하다. 피드에 노출되는 콘텐츠와 스토리는 정보성 콘텐츠를 전달하기에 적합한 형태는 아니다. 브랜드 입장에서는 멋진 이미지와 짧은 동영상을 피드와 스토리를 통해 전달하는 것 이외에 브랜드에 대한 자세한 이야기를 할 수 있는 공간이 필요할 것이고, 그 역할을 할 수 있는 공간으로 하이라이트를 주목해야 한다. 하이라이트는 순간을 포착해서 그 영감을 공유하는 인스타그램 피드와 스토리 외의 정보성 콘텐츠 등을 다른 방식으로 소개할 수 있는 공간이다.

◀ 하이라이트 역할 1. 카드뉴스

이름의 자음과 모음에 따라 스토리가 달라지는 맞춤형 동화책을 판매하는 업체의 사례를 살펴보자. 이 동화책은 겉표지만 보면 일반 동화책과의 차이점을 찾기 어렵다. 제품에 대한 자세한 설명이 필요했지만 페이스북의 카드뉴스와 같은 형태로 인스타그램 피드에 올리기엔 자칫 전체 피드 구성을 망칠 수 있었다. 그래서 선택한 지면이 하이라이트였으며, 옆으로 한 장씩 넘기면서 제품에 대한 자세한 정보를 전달할 수 있었다.

둘째, 이벤트나 별도의 공지사항을 알리는 역할로 하이라이트를 활용하기도 한다. 이벤트의 경우 특정 기간에만 운영되고, 이벤트 내용을 알리기 위해서 게시물에 할인 문구 등을 포함해야 하는 경우가 많아 피드 노출에 적합하지 않다. 영감을 전달하고 탐색해야 하는 피드에서 이미 기간이 지난 이벤트를 계속 공지한다면 고객에게 좋은 이미지를 주기 어렵다. 꼭 필요하지만 피드에는 어울리지 않는 이벤트와 공지사항은 스토리에 노출한 뒤 하이라이트로 옮기는 방식으로 정보를 전달하는 것이 바람직하다.

◀ 하이라이트 역할 2. 이벤트&공지사항

브랜드 론칭 1주년을 기념하기 위해 이벤트를 준비한 인테리어 업체를 보자. 인스타그램을 통해 이를 알리고 싶었던 업체는 3일만 진행하기로 한 이벤트를 계정 피드에 업로드하려고 했지만 이벤트 기간이 지난 뒤에도 노출되는 콘텐츠가 피드에는 어울리지 않다고 느꼈다.

이에 대한 공지를 스토리를 통해서 진행하고 24시간이 지나도 이벤트 내용을 확인할 수 있는 하이라이트를 활용하기로 했다. 이벤트 참여에 대한 과정을 정보성 콘텐츠로 전달하기 편했고, 이벤트 기간이 끝난 뒤에는 해당 내용을 계정에서 제외시켰다. 이처럼 추석 기간 내 배송 일정 등 특정 기간에만 알려야 하는 공지사항 등을 알릴 때는 하이라이트를 활용해보길 바란다.

셋째, 고객 후기를 알리기 위한 역할로도 하이라이트를 활용할 수 있다. 판매자 입장에서는 구매를 망설이는 고객에게 기존 구매자의 후기를 보여주고 싶을 것이다. 물론 고객 후기를 피드 콘텐츠로 활용하는 경우도 있지만 브랜드의 피드에 노출시키기 적합한 수준의 콘텐츠가 제작되었을 때만 활용이 가능하다.

◀ 하이라이트 역할 3. 고객 후기

모든 구매 고객이 고품질의 이미지를 촬영해서 제품을 공유한다면 좋겠지만 그런 경우는 흔치 않기 때문에 다양한 후기를 모아 하이라이트로 따로 편집해서 공유하는 것이 좋다. 또는 구매 고객의 후기 게시물을 편집하지 않고 그대로 브랜드 계정 스토리에 공유하는 방식을 활용하기도 한다.

고객 후기는 제품을 사용하는 모습과 함께 사용 경험을 글로 전달해야 효과적이다. 하이라이트는 그 역할을 하기에 충분하다. 또한 고객 후기를 묶어서 정보성 콘텐츠로 보여줄 수 있기 때문에 구매를 고민하고 있는 고객이 기존 고객의 다양한 사용 경험을 한 번에 확인하기 좋다.

후기 형태로 하이라이트를 활용하고자 한다면 제품을 사용하는 모습과 함께 고객이 남긴 사용 경험을 두세 줄로 요약해서 스토리에 노출시켜보자. 그리고 이 스토리들을 하나로 묶어서 하이라이트에 옮겨 놓는다면 인스타그램에서 당신을 알게 된 고객이 피드를 탐색하고 스토리를 발견한 뒤 하이라이트를 볼 것이다. 다양한 콘텐츠를 보고 매장이나 웹사이트를 방문한 고객이라면 당신의 제품이나 서비스를 이용할 가능성이 매우 높다.

하이라이트 제작 앱

하이라이트에 어떤 메시지를 전달할지 결정했다면 이제 제작에 들어가야 한다. 스토리를 업로드한 뒤 이를 하이라이트로 제작할 수도 있지만 좀 더 쉽고 편리하면서 남들과 다른 유니크한 하이라이트를 만들고 싶다면 언폴드Unfold 앱을 추천한다(안드로이드와 아이폰 모두 사용 가능).

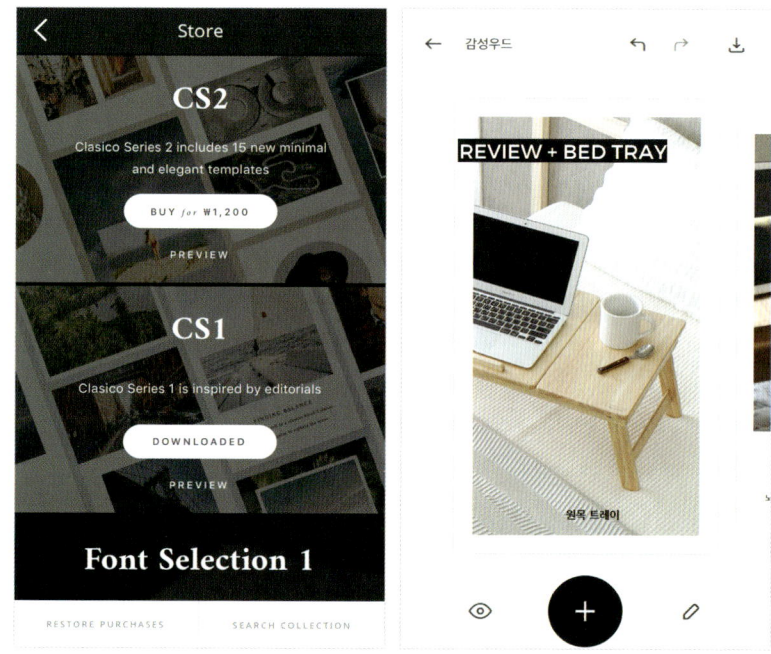

▲ 인스타그램 하이라이트 제작 앱 언폴드(좌)와 언폴드 앱으로 제작된 하이라이트(우)

언폴드는 다양한 스타일의 템플릿을 제공한다. 무료로 제공되는 기본 템플릿 외에도 2천 원 안팎의 금액으로 유니크한 템플릿을 만들 수 있다. 언폴드는 무료로 활용할 수 있다는 점 외에도 컴퓨터로 PPT 작업을 하듯이 쉽고 빠르게 하이라이트를 만들 수 있는 장점이 있으며, 하나의 테마로 된 여러 개의 템플릿을 제공하기 때문에 두 장 이상의 하이라이트를 제작하기에 좋다.

한 원목가구 업체의 예를 보자. 웹사이트에 있는 고객 후기를 인스타그램 하이라이트로 만들었다. 웹사이트를 통해 제품을 판매하고 있는 경우 이미 다수의 후기가 웹사이트에 등록되어 있을 것이다. 이 후기 중에서 고객에게 도움이 될 만한 이미지를 고르고 고객이 남긴 후기를 두세 줄로 요약해서 준비한다. 그리고 언폴드를 활용해서 하이라이트를 만들면 된다.

 약 다섯 장으로 구성된 하이라이트를 무료로 제공되는 기본 템플릿을 이용해 만드는 데 10분이 채 걸리지 않는다. 이미지 외에도 동영상을 포함할 수도 있으며 마음에 드는 템플릿이 있다면 구매 후 이용할 수 있으니 지금 바로 다운로드해서 활용해보시길 바란다.

 하이라이트를 제작할 수 있는 또 다른 작업 솔루션으로는 캔바Canva가 있다(안드로이드와 아이폰 모두 사용 가능). 사실 캔바는 인스타그램 하이라이트 이외에도 스토리, 피드 등 다양한 곳에서 사용할 수 있는 템플릿을 제공한다. 캔바는 언폴드와 달리 PC 작업도 용이한데 디자인을 캔바 검색창에 검색하면 다양한 템플릿이 제안된다.

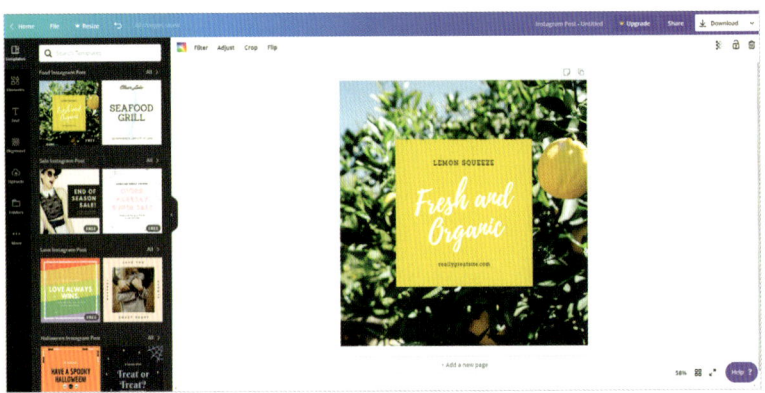
▲ 캔바에서 제공하는 다양한 인스타그램 포스트 디자인

 캔바는 하나로 된 템플릿을 제공한다. 하나의 디자인이기 때문에 다양한 레이아웃을 만들기 어렵고 텍스트와 이미지가 함께 구성된 홍보성 콘텐츠를 제작하기에 적합하다. 이벤트나 공지사항 등을 스토리와 하이라이트로 알리고 싶을 때 유용하다.

 캔바를 통해 스토리나 하이라이트를 제작하려면 가입한 뒤 검색창에 'Instagram Post'를 검색하는 것으로 시작된다. 해외 솔루션이기 때문에 한글보다는 영문으로 검색해야 좀 더 다양한 템플릿 정보를 볼 수 있다. 검색 결과에 나온 템플릿 중에서 하나를 선택하고 미리 준비한 이미지를 캔바로 불러온 뒤 전달하고자 하는 메시지를 입력하기만 하면 된다. 편집 기능 외에도 사진 필터 등 다양한 기능을 제공하고 있으니 함께 활용해보길 바란다.

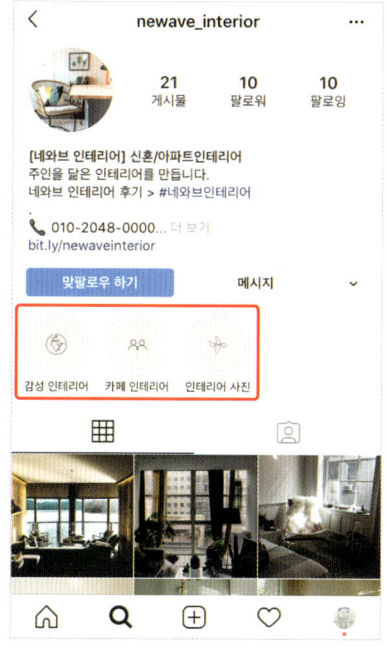

◀ 하이라이트 커버를 아이콘으로 한 계정

다른 사람이나 브랜드의 인스타그램 계정을 구경하다 보면 사진이 아닌 아이콘 등으로 만들어진 하이라이트 커버를 확인할 때가 있다. 이런 하이라이트 커버는 별도로 제작해서 사용하기도 하지만 만약 디자인 툴을 다루는 데 서툴다면 핀터레스트Pinterest에 검색해보는 것도 방법이다.

핀터레스트는 인스타그램과 비슷한 이미지 기반 SNS로 디자인 소스나 사진 레퍼런스 등을 찾는 데 주로 사용한다. 무료로 하이라이트 커버를 사용하고 싶다면 핀터레스트에 '무료 인스타그램 하이라이트 커버'라고 검색해보자. 영어로 검색하면 좀 더 다양한 무료 하이라이트 커버를 확인할 수 있으며 이 중에서 계정 분위기에 맞는 커버를 선택해서 다운로드하면 된다. 단 상업적으로 이용할 수 있는 커버는 별도의 저작권 내용을 살펴보고 사용하길 바란다.

하이라이트의 역할을 알고 이를 제작하는 데 도움을 주는 다양한 솔루션을 활용하면 비교적 쉽고 편리하게 하이라이트를 만들어볼 수 있을 것이다. 하이라이트는 당신의 브랜드를 소개하는 또 다른 공간이며, 피드의 게시물이나 스토리와는 다른 소통이 가능하기 때문에 꼭 사용해볼 것을 추천한다. 하이라이트를 통해 브랜드의 이야기가 좀 더 풍성해질 것이다.

인스타그램 라이브와 IGTV란?

세로형 영상이라는 트렌드를 반영한 인스타그램 라이브와 IGTV는 브랜드보다는 인플루언서 또는 개인 크리에이터가 활동하기에 적합한 공간이다. 세로형 영상이라는 노출 방식은 기존의 유튜브나 아프리카 TV 등 가로형 영상 플랫폼과 차별된다. 스마트폰이 등장하기 전에는 TV나 PC의 화면은 모두 가로로 되어 있었으며 영상 콘텐츠 대부분이 가로로 제작되었다. 하지만 스마트폰이 등장한 이후 사용자들은 세로형 콘텐츠를 소비하고 제작하는 데 익숙해지고 있다. 그리고 동영상 역시 세로형으로 제작되고 있는 추세이다.

라이브와 IGTV 특징 세 가지

인스타그램 라이브와 IGTV는 세로형 영상, 크리에이터의 공간, 개인화된 콘텐츠(브이로그)라는 특징을 가지고 있다. 이런 특징을 알고 활용하는 것과 모르고 사용하는 것은 큰 차이를 보이기 때문에 각 역할과 특징을 올바르게 알고 시작해야 한다.

첫째, 라이브와 IGTV는 세로형 콘텐츠를 제공한다. 그동안 영상 소비자들은 가로형 동영상 하나밖에 없어 선택할 수 없었지만 이제 세로형 영상이라는 선택지가 생기면서 패션, 뷰티 등 세로형 동영상에 적합한 업종은 새로운 기회를 맞이하고 있다. 패션 스타일이나 화장법을 보여주는 크리에이터가 인스타그램 IGTV 등을 통해서 활발히 활동하면서 영향력을 확대하고 있으며, 주요 해외 브랜드 계정에서도 IGTV를 통해 제품 정보를 전달하는 시도를 하고 있다.

◀ 인스타그램 IGTV 내 패션 동영상

세로형으로 노출되는 데 적합한 아이템의 경우 가로형인 유튜브보다 인스타그램 라이브나 IGTV에서 더 콘텐츠 전달력이 높다. 사용자 입장에서는 스마트폰을 가로로 돌리지 않고도 몰입도 높은 영상을 볼 수 있기 때문에 스마트폰을 통한 콘텐츠 소비가 더 활발해질수록 세로형 영상에 대한 수요 역시 많아질 것으로 보인다.

이미 인스타그램 스토리 등으로 세로형 콘텐츠에 대한 가능성을 확인한 많은 브랜드는 이에 대한 분석을 시작했고, 인스타그램 스토리, 라이브, IGTV는 그 가능성을 시험하는 중요한 공간으로 여겨지고 있다. 인스타그램 입장에서는 이미 시장을 장악하고 있는 유튜브와 어떻게든 경쟁 구도를 형성하고 싶을 것이다. 이를 위해 인스타그램 라이브와 IGTV에 집중할 가능성이 높다. 만약 세로형 영상에 적합한 아이템이나 업종의 브랜드라면 인스타그램을 통해 새로운 기회를 얻을 수 있을 것이다.

둘째, 내 팔로워가 그대로 라이브와 IGTV의 구독자가 된다. 이미 인스타그램에서 많은 팔로워를 보유한 브랜드나 인플루언서의 경우 IGTV가 등장하면서 큰 혜택을 누리고 있다. 계정과 연동된 IGTV를 개설하는 것만으로도 팔로워를 그대로 IGTV 구독자로 만들 수 있기 때문이다. 만약 100만 명의 팔로워를 가진 인플루언서가 IGTV 채널을 만든다면 처음부터 구독자 100만 명으로 채널 운영을 시작할 수 있는 것이다. 이는 인스타그램 입장에서도 나쁘지 않은 선택이다. 유튜브에 대항할 만한 영상 공유 플랫폼으로서의 규모를 갖추기 위해서는 다수의 구독자를 보유한 영향력 있는 크리에이터의 채널 육성이 필수인데 인스타그램 계정에 IGTV를 연결하는 방식으로 이를 단번에 해결할 수 있기 때문이다.

2018년 12월을 기점으로 IGTV 사용자 수가 10억 명을 넘어섰다는 발표도 있었다. 인스타그램으로 다수의 팔로워를 보유하고 있지만 유튜브를 시작하기에 늦었다고 생각하는 크리에이터나 브랜드가 있다면 인스타그램 라이브와 IGTV를 추천한다. 아직 진입 장벽이 높지 않기 때문에 먼저 시작한다면 좋은 기회를 잡을 수 있을 것이다.

셋째, 라이브와 IGTV는 개인화된 콘텐츠, 즉 브이로그에 적합하다. 브이로그Vlog는 비디오video와 블로그blog의 합성어로 개인의 일상을 기볍게 기록하는 영상 콘텐츠이다. 연예인이나 유명인의 일상을 콘텐츠로 만들어 공유하는 것이 일반적인데 최근에는 일반인의 일상이나 인플루언서가 올린 브이로그가 주목받고 있다.

현재의 브이로그는 유튜브를 통해 활발히 공유되고 있지만 유튜브보다는 좀 더 개인화된 콘텐츠를 공유하는 인스타그램이 브이로그에 더 적합하다. 인스타그램에서는 이미 많은 연예인이 팬과 소통하고 있으며 본인의 일상을 라이브로 공유하는 모습 역시 자주 볼 수 있다. 이외에도 다수의 팔로워를 보유한 개인 인플루언서의 활동도 활발히 이뤄지고 있다. 인스타그램은 이 부분을 잘 알고 있을 것이고, 인스타그램 라이브와 IGTV를 활용해서 브이로그 콘텐츠를 좀 더 활성화할 것으로 기대된다. 브랜드 입장에서는 인플루언서의 브이로그 안에 자연스럽게 제품을 노출시키는 방안을 고민할 시점이 되었으며, 이제 이들과 협업하기 위한 새로운 형태의 인플루언서 마케팅이 등장할 것이다.

라이브 활용하기

인스타그램 라이브는 홈쇼핑이나 아프리카TV의 모바일 버전과 같이 활용되는 경우가 많다. 의류 쇼핑몰은 라이브를 통해서 제품을 소개하고 공동 구매 이벤트 등으로 구매를 유도하는 경우도 있으며, 인플루언서는 본인의 일상을 라이브로 보여주거나 본인의 팔로워와 특정 주제로 소통하는 방식으로 활용하고 있다.

인스타그램 라이브를 시작하는 방법은 간단하다.

❶ 홈 피드 좌측 상단에 있는 카메라 아이콘(◉)을 클릭한다.
❷ 하단의 메뉴 중 '라이브'를 선택한다.
❸ [방송하기]를 선택한다.
❹ 방송을 시작하면 곧바로 라이브가 진행된다.
❺ 최대 한 시간까지 라이브를 진행할 수 있으며 방송이 종료된 이후 [공유]를 클릭하면 실시간으로 진행한 라이브를 스토리에 일정 기간 노출시킬 수 있다.

실시간으로 고객과 대면하면서 소통할 수 있기 때문에 고객과의 관계 구축을 위한 목적으로 라이브를 활용하는 것이 좋다. 만약 인스타그램 라이브를 시작하려는 계획이 있다면 몇 가지 고려해야 할 부분이 있다.

첫째, 운영 목적을 명확히 해야 한다. 라이브를 시작할 때 제품 판매나 고객 의견 취합, 신제품 소개 등 명확한 목적이 없다면 라이브에 참여한 고객을 집중시키기 어렵다. 고객이 올리는 실시간 댓글의 경우 다른 고객에게는 정보가 될 수 있기 때문에 라이브를 진행하는 목적을 명확히 해서 고객의 의견이 분산되지 않고 운영 목적에 집중될 수 있도록 해야 한다.

둘째, 사전 홍보를 해야 한다. 라이브는 피드에 올라오는 게시물이나 스토리와 달리 고객 반응이 오는 데 시간이 오래 걸린다. 짧게는 몇 시간에서 만 하루가 지나면 반응이 급격히 줄어드는 게시물이나 스토리와 달리 라이브의 초반 참여자는 대부분 적은 편이다. 그렇기 때문에 사전 홍보와 함께 주 또는 월 단위로 특정 시간을 정해놓고 꾸준히 운영하는 것이 중요하다. '매주 목요일 저녁 7시 라이브 방송'이라는 문구를 계정 소개글에 작성하거나 인스타그램 스토리와 피드에 라이브 방송 시간과 주제를 미리 공지한다면 좀 더 많은 참여자를 라이브로 불러올 수 있다.

　마지막으로 라이브 방송 종료 후 스토리에 공유한다. 인스타그램 설정에 따라 라이브 알람을 해제시킨 경우 당신의 실시간 라이브 알람을 받지 못할 가능성이 높다. 그렇기 때문에 라이브 방송이 종료된 뒤 특별한 이슈가 없다면 스토리에 공유하기를 진행해야 한다. 라이브에 참여하지 못한 고객이 스토리에 공유된 라이브를 확인한 뒤 다음에 진행될 라이브 참여를 고려할 수 있기 때문이다.

　이와 같은 라이브 시작 전 고려해야 할 부분을 미리 확인하고 진행한다면 원하는 목표를 달성할 수 있을 것이다. 그리고 얼굴 필터, 듀얼 라이브 등 새롭게 출시된 라이브 기능을 적극적으로 활용해 재미있고 새로운 소통을 해보는 것도 좋겠다.

IGTV 활용하기

IGTV는 유튜브와 같이 '~하는 방법'을 다룬 콘텐츠가 적합하다. 화장하는 방법이나 옷 코디 방법 등 정보를 전달하는 방식으로 콘텐츠가 구성된다면 효과를 볼 수 있다. 그리고 피드 게시물처럼 최대 30개의 해시태그가 반영되며 피드와 다른 점으로는 글에 외부 링크를 삽입할 수 있다는 것이다. IGTV 콘텐츠를 본 고객이 외부 채널이나 웹사이트로 이동할 수 있도록 외부 링크를 도입했기 때문에 콘텐츠 참여자를 바로 구매 고객으로 전환시킬 수 있다.

　IGTV를 시작하기 위해서는 우선 채널을 만들어야 한다. IGTV 앱을 다운받는 방법과 다운받지 않는 방법 두 가지가 있다.

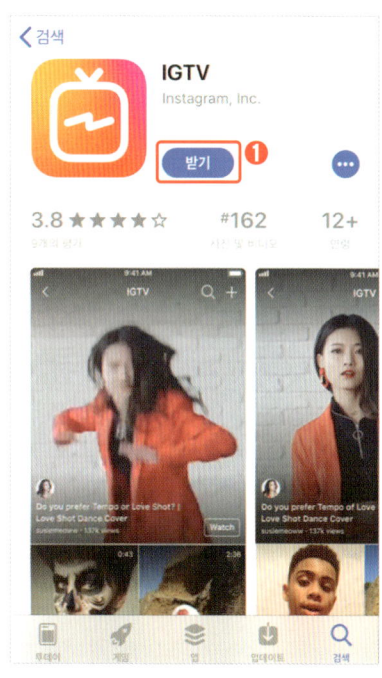

❶ 먼저 IGTV앱을 다운받기 위해 안드로이드와 아이폰 앱스토어에서 IGTV를 검색한 뒤 다운로드한다.
❷ 다운받은 IGTV 앱을 실행한 뒤 인스타그램 계정과 연결하면 즉시 생성된다.
❸ IGTV 앱을 다운받지 않아도 콘텐츠 생성이 가능한 방법은 먼저 인스타그램 둘러보기 상단에 IGTV 아이콘(📺)을 누른다.
❹ 상단의 [+] 버튼을 클릭해 동영상을 업로드한다. 업로드와 동시에 IGTV가 생성된다.

채널을 만들면 동영상 콘텐츠 업로드가 가능해지는데 최대 10분 분량의 영상을 업로드할 수 있으며 블루배지 등으로 인증된 계정의 경우 최대 한 시간 분량의 영상 업로드가 가능하다. 인스타그램 라이브와 달리 실시간 영상은 게시할 수 없으며 편집된 영상만 업로드할 수 있다.

IGTV에 새롭게 적용된 기능

기존 IGTV 기능에 새롭게 적용된 기능들이 있다. 이제 IGTV 채널에 콘텐츠를 업로드할 때 인스타그램 계정 피드에 미리보기로 IGTV 콘텐츠를 공유할 수 있게 되었다.

이 기능을 적용하면 인스타그램 계정 팔로워를 내 IGTV 채널로 방문시킬 수 있다. 또한 최대 1분까지 업로드할 수 있는 인스타그램 피드 내 게시물과 달리 IGTV 콘텐츠를 공유하면 1분 이상의 동영상 콘텐츠 업로드가 가능해진다. 더 이상 '1분 제한'을 받지 않고 올릴 수 있기 때문에 동영상 콘텐츠 활용 폭이 더 넓어질 것이다.

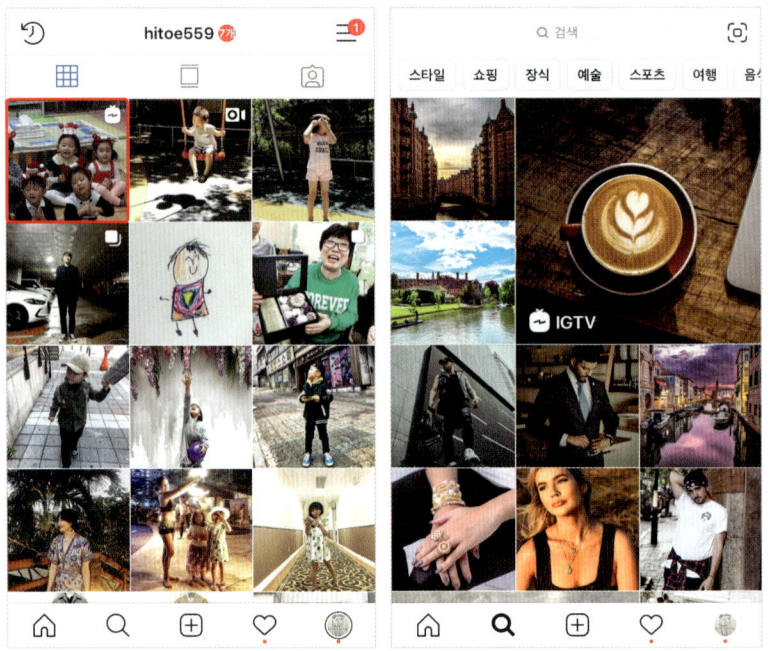

▲ 피드(좌)와 둘러보기(우)에 공유되는 IGTV 콘텐츠

이뿐만 아니라 둘러보기에서도 IGTV콘텐츠를 확인할 수 있다. 인스타그램 사용자가 많은 시간을 보내는 둘러보기에 IGTV 콘텐츠가 포함되면서 확산의 기회를 갖게 되었으며, IGTV 채널에 콘텐츠를 업로드하고 해시태그를 작성하는 것만으로도 더 많은 노출 기회가 생겼다. 실제로 둘러보기에 IGTV가 노출되면서 월간활동사용자가 빠르게 늘어났고 인스타그램 사용자 수와 비슷한 약 10억 명의 사용자가 IGTV를 시청한다.

인스타그램 라이브와 IGTV는 새로운 기회를 줄 것으로 예상된다. 특히 IGTV는 유튜브에 대응하기 위해 만들어진 만큼 성장에 집중하고 있는 것으로 보인다. 앞으로 대세가 될 인스타그램의 세로형 영상에 적합한 소통 방법을 찾아내고 연구한다면 분명 좋은 기회가 될 것이다. 인스타그램에 당신의 브랜드를 알릴 수 있는 공간이 기존의 게시물(피드)과 스토리, 하이라이트, 그리고 라이브와 IGTV까지 늘어난 만큼 공부하고 준비해야 할 부분 역시 늘어났지만 어떻게 준비하고 시간과 비용을 투자하는가에 따라 새로운 기회를 잡을 수도 있으니 꼭 시작해보자.

인스타그램 인플루언서 운영 가이드

인스타그램에서 영향력이 있는 사람들이 특정 브랜드나 제품을 홍보하는 경우를 본 적이 있을 것이다. 이를 가리켜 '인스타그램 인플루언서 홍보'라고 부른다. 인스타그램 인플루언서 홍보는 그들의 영향력을 활용해 다수의 추종자(팔로워)를 대상으로 브랜드나 제품을 알리는 것이다. 평소 내가 좋아하던 인플루언서가 추천하는 제품이라면 신뢰도 상승에 유리할 뿐만 아니라 즉각적인 구매로 이어지기도 하기 때문에 많은 마케팅 담당자가 브랜드를 알고 제품을 판매하기 위해 인플루언서 홍보를 진행한다. 하지만 아직 생소한 홍보 방식 때문인지 인플루언서를 통한 홍보를 위해 무엇을 준비하고 어떻게 실행에 옮겨야 하는지 모르는 경우가 많다.

만약 인스타그램 인플루언서를 활용해 브랜드를 홍보하고 싶다면 지금부터 소개할 '인스타그램 인플루언서 운영 가이드'를 참고하길 바란다. 인플루언서 운영의 모든 것을 담았다고는 할 수 없지만 실패하지 않기 위해 고민해봐야 할 내용을 미리 점검할 수 있는 기회가 될 것이다.

첫째, 팔로워 규모에 따라 역할을 다르게 가져가야 한다. 인스타그램 인플루언서의 팔로워 규모는 적게는 수백에서 많게는 수십만이 넘는다. 이런 인플루언서의 규모별 특징을 통해 구분해보면 다음과 같다.

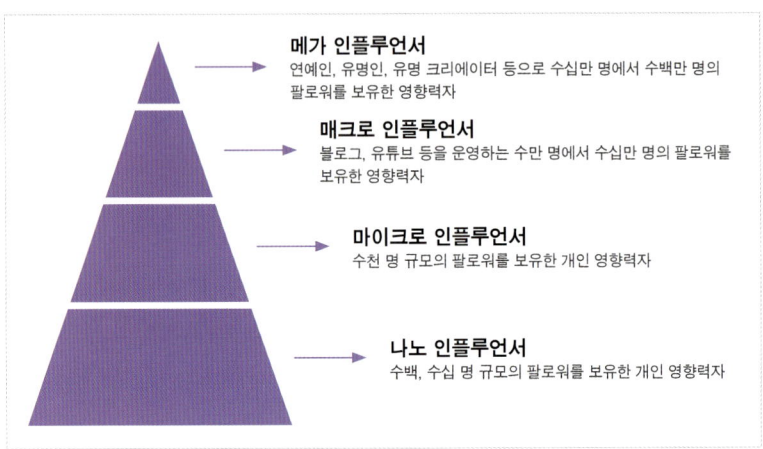

▲ 팔로워 규모에 따른 인스타그램 인플루언서 구분

메가mega 인플루언서는 보통 연예인이나 유명인을 의미한다. 수백만 명, 수천만 명이 넘는 팔로워를 보유하고 있는 이들은 두터운 팬층을 확보하고 있으며 이들의 일상은 그 자체로 콘텐츠가 되고 강력한 영향력을 통해 이슈를 만들어낸다.

매크로macro 인플루언서는 보통 수십만 명 이상의 팔로워를 보유하고 있으며 특정 분야에서 영향력을 발휘하는 사람을 뜻한다. 뷰티 블로거, 유튜버나 기자, 교수 등이 여기에 해당되며 특정 타깃층을 대상으로 홍보를 진행하기에 적합하다.

마이크로micro 인플루언서는 수천 명에서 수만 명 사이의 팔로워를 보유하고 있으며 메가, 매크로 인플루언서에 비해 팔로워와 소통을 활발하게 진행하는 편이다. 좀 더 친밀감을 느끼며 충성도 역시 높은 편이기 때문에 최근에는 마이크로 인플루언서만 포함된 홍보를 진행하는 경우도 많다.

나노nano 인플루언서는 수십 명에서 수백 명의 팔로워를 가지고 있으며 일반인 계정이 여기에 해당한다. 영향력은 미비하지만 이벤트 등에 민감하며 본인이 경험한 브랜드와 제품에 대한 진정성 있는 후기를 잘 남긴다. 나노 인플루언서는 이벤트 참여를 통한 구매 유도와 후기 콘텐츠 생산을 동시에 유도할 수 있다는 장점이 있다.

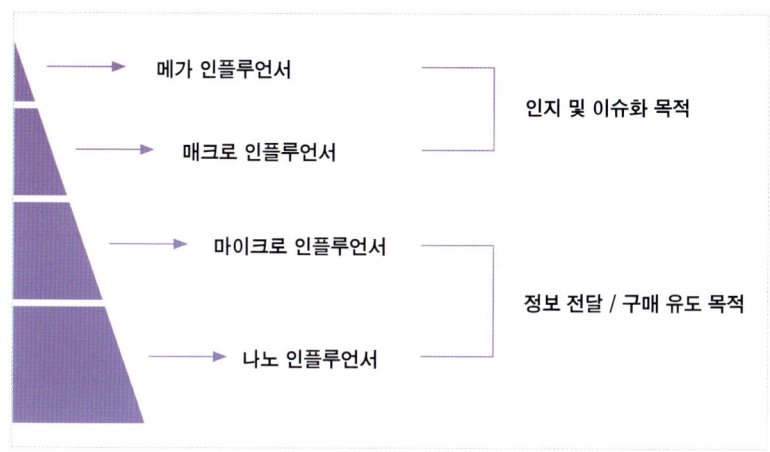

▲ 인스타그램 인플루언서 규모별 활용 방법

인스타그램 인플루언서가 보유한 팔로워의 규모와 특징에 따라 구분해봤다. 인플루언서별로 특징과 규모 그리고 역할을 무시한 채 홍보를 진행한다면 원하는 성과를 달성하기 힘들기 때문에 홍보 목적과 인플루언서를 잘 매칭해서 진행해야 한다.

메가 인플루언서와 매크로 인플루언서의 경우 브랜드 론칭 시 인지도를 높이거나 이슈화를 목적으로 운영된다. 이들은 게시물을 업로드할 때마다 팔로워에 의해 수천 회가 넘는 좋아요와 댓글이 작성되기 때문에 확산이나 여론 형성 등에 효과적이다. 반면 팔로워의 질문에 답변하는 경우는 적다. 제품에 대한 궁금증이 생긴 팔로워가 이를 해소하기 위해 댓글을 작성해도 답변을 받을 가능성은 매우 희박하기 때문에 브랜드나 제품 자체를 인지시키거나 이슈 확산의 역할로만 활용되며 제품 정보를 자세히 전달하는 방식으로 운영되지는 않는다.

마이크로 인플루언서와 나노 인플루언서의 경우 상대적으로 팔로워 규모가 적기 때문에 두세 명의 인플루언서를 통해 제품을 홍보해 인지도가 높아지거나 이슈를 만들기 어렵다. 하지만 평소에 팔로워와 소통이 잦고 친밀도가 높아 댓글이나 DM을 통한 질문에 친절히 답변해주는 편이다. 이런 이유로 브랜드나 제품에 대한 정보 전달을 목적으로 활용되며 인스타그램 내 자발적인 바이럴 홍보에 중요한 역할을 한다. 이들의 참여나 제품 정보 전달의 역할은 제품 구매 결정에 영향을 미치기 때문에 중소 규모의 브랜드나 스타트업은 이들을 활용한 홍보를 고려해보는 것이 좋다.

지금까지 설명한 것은 일반적인 활용에 대한 이야기이다. 이는 제품, 운영 목적, 마케팅 예산 등에 따라 진행하는 방식이 달라지기도 한다. 예를 들어 새로 론칭한 제품 홍보를 위해 100만 원의 예산이 채택되었다면 약 한 명의 메가, 매크로 인플루언서를 운영할 수 있는 이 비용으로 차라리 1만 원 이상의 마이크로 인플루언서 수십 명을 활용하는 편이 좋을 수도 있다. 또는 팬 충성도가 높고 평소 당신의 브랜드에 관심을 가진 메가, 매크로 인플루언서가 있다면 한 번의 홍보 요청으로 2차, 3차 홍보 및 확산이 일어날 수도 있다. 필자가 운영했던 연예인 및 유명인 인플루언서 마케팅 중 몇 명의 유명인은 무료로 제공했던 제품을 지금도 착용하고 이를 인스타그램 계정에 업로드하고 있기도 하다.

둘째, 그들의 팔로워가 진짜인지 그리고 활발하게 활동하는지 점검해야 한다. 불법은 아니지만 네이버나 구글에 몇 번의 검색을 하는 것만으로도 쉽게 팔로워를 구매할 수 있다. 계정 팔로워를 인위적으로 늘리려는 목적을 가지고 운영되는 가짜 팔로워 작업은 보통 1만 명의 팔로워를 구매하는 데 적게는 3~4만 원에서 많게는 20~30만 원 넘는 비용이 든다. 일반적으로 팔로워가 높은 계정에 홍보를 요청하면 노출이나 확산 효과가 높은 편이지만 진행하고자 하는 계정의 팔로워가 대부분 가짜 팔로워라면 홍보 효과를 보긴 어렵다.

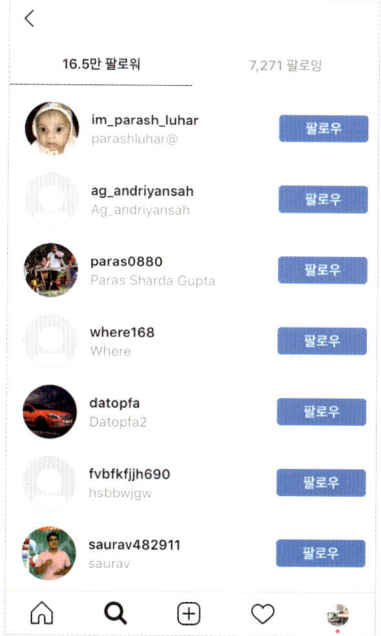

◀ 가짜 팔로워가 의심되는 팔로워 리스트

그렇다면 이들이 보유한 팔로워가 진짜인지 가짜인지 어떻게 검증

할 수 있을까? 가장 먼저 손쉽게 확인할 수 있는 건 해당 계정의 팔로워를 확인해보는 방법이다.

계정의 팔로워 숫자를 누르면 팔로워 리스트를 확인해볼 수 있다. 만약 해당 리스트에 한국 사람보다 외국인 비율이 압도적으로 높다면 가짜 팔로워를 의심해봐야 한다. 가짜 팔로워의 경우 보통 브라질이나 동남아 몇 개 국가에서 만들어지는데 팔로워 리스트에서 이 나라의 사람으로 의심되는 계정이 많다면 가짜 팔로워를 의심해봐야 한다.

다음으로 확인할 수 있는 건 참여율과 좋아요, 댓글 참여자 확인이다(출처: later.com/blog/instagram-engagement-rate).

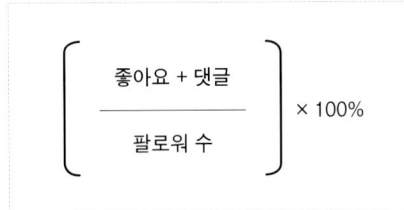

▲ 인스타그램 게시물 참여율 계산 공식

최근 업로드된 게시물의 평균 좋아요 수와 댓글 수를 합치고 이를 팔로워로 나눈 뒤 백분율(%)을 적용하면 확인할 수 있다. 1만 팔로워 기준 2~3% 이상의 참여율을 보인다면 진짜 팔로워를 보유한 계정이라고 판단한다. 다만 가짜 팔로워 구매 외에도 가짜 좋아요와 댓글을 구매하는 경우도 많기 때문에 좀 더 확실하게 확인해보기 위해서는 좋아요와 댓글 작성자의 계정을 방문해봐야 한다. 만약 여기까지 확인한 결과 의심되는 부분이 적다면 홍보 진행을 위한 명단에 포함시켜도 된다.

셋째, 브랜드와 제품, 핏fit이 잘 맞는지 확인하자. 인스타그램 인플루언서의 영향력을 활용하는 것은 해당 계정의 팔로워가 어떤 이유로 팔로워를 하고 있는지 확인하는 것이 시작이다. 인플루언서의 평소 옷차림이 좋아 팔로워를 한 사람이 많은지 또는 운동법이나 뷰티 노하우가 궁금해서 팔로워했는지 등 그 이유를 댓글이나 계정의 피드에서 확인해야 한다. 당신의 브랜드나 제품이 인플루언서와 핏이 맞다면 그들의 팔로워에게 신뢰받을 가능성이 높다. 그리고 브랜드나 제품에 대한 이해도가 상대적으로 높은 인플루언서와 진행하기 때문에 좀 더 매력적으로 표현될 가능성이 있다. 단순히 팔로워가 높으면 효과가 좋을 것이라고 생각하지 말고 핏을 꼭 확인하고 진행해야 한다.

넷째, 홍보와 콘텐츠 수급을 동시에 고려하자. 인플루언서를 통한 홍보를 진행한다면 그들이 보유한 팔로워를 대상으로 브랜드를 알리는 것 외에도 홍보를 위해 작성된 게시물을 브랜드 콘텐츠로 수급하는 것 역시 고려해야 한다. 높은 팔로워를 보유한 인플루언서의 경우 대부분 콘텐츠를 만드는 능력이 뛰어나다. 브랜드를 멋지게 표현한 이미지 콘텐츠를 브랜드 계정의 콘텐츠로 활용한다면 비교적 손쉽게 높은 수준의 콘텐츠를 확보할 수 있다. 인스타그램 인플루언서 홍보를 계획할 때는 팔로워를 통한 브랜드 및 제품 알리기뿐만 아니라 콘텐츠 확보라는 목적도 함께 가지고 진행하는 것이 좋다.

다섯째, 인플루언서 섭외를 위한 서비스를 알아보자. 인스타그램 인플루언서 홍보를 진행할 때 실무자 입장에서 가장 어려운 점은 섭외와 노쇼no-show에 대한 불안감이다. 일일이 인플루언서를 찾고 댓글이나 DM으로 섭외를 진행하는 일은 생각보다 만만치 않다. 그리고 어렵게 섭외한 인플루언서에게 제품을 보내고 업로드를 요청했는데 갑자기 연락이 안 되는 경우도 간혹 발생한다. 이럴 때 도움받을 수 있는 서비스가 있다. 태그바이TAGby, 픽업PicUP, 마켓잇MARKETIT, 미디언스MEDIANCE, 위블Weble과 같은 서비스가 대표적이며, 포털 사이트 검색을 통해 좀 더 많은 서비스를 쉽게 찾아볼 수 있다.

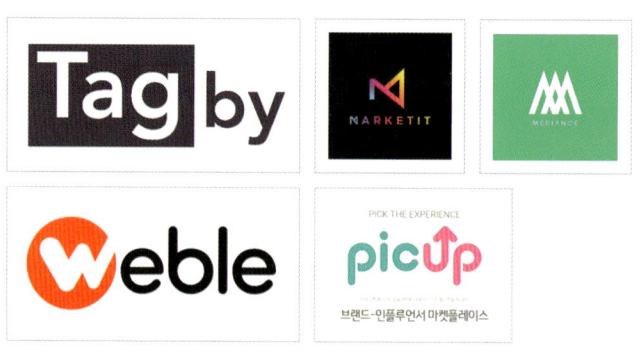

▲ 인스타그램 인플루언서 섭외 플랫폼들

　이런 서비스들은 인플루언서와 광고주를 연결해주는 곳으로, 인플루언서를 카테고리별로 구분해서 제안해주기도 하고 인플루언서가 직접 제품을 판매하는 마켓 형태로 운영되기도 한다. 서비스마다 진행 비용은 상이하나 직접 섭외하면서 드는 시간과 노동에 비해 합리적인 가격으로 서비스를 이용할 수 있다. 그뿐만 아니라 인플루언서가 해당 서비스에 가입할 때 노쇼에 대한 법적 책임을 물을 수 있도록 동의를 얻기 때문에 이에 대한 불안감 역시 적다고 볼 수 있다.

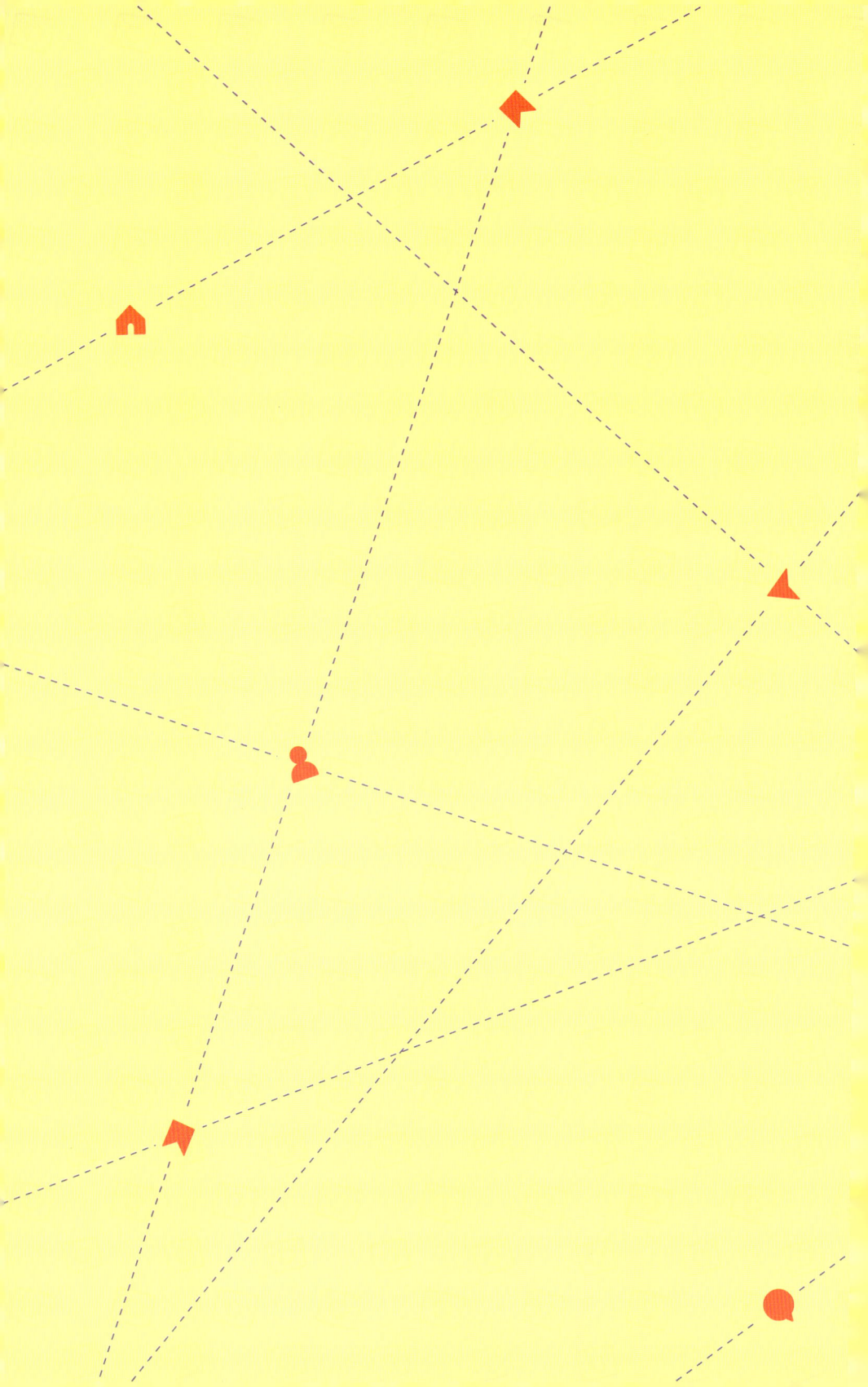

업종별 인스타그램 운영 전략

운영 전략은
어떻게 짜야 할까?

지금까지 '연결', '발견', '탐색', '쇼핑'이라는 키워드와 그 외 다양한 기능을 통해 인스타그램의 특징을 알아봤다. 하지만 막상 시작을 앞두면 고민이 생긴다. 인스타그램이 무엇인지 이제 막 감을 잡았지만 원하는 성과를 이루기 위해서는 어떻게 활용해야 하는지 알기 어렵기 때문이다.

업종별로 인스타그램을 운영하는 방식이 다르다. 실전에서는 어떻게 활용하는지 알아보는 것도 운영을 어떻게 할지에 대한 고민에 도움이 될 것이다. 물론 사례들이 모두에게 정답이라고는 할 수 없다. 동일 업종이라도 시장 내 위치나 제품, 타깃의 구분에 따라 인스타그램 운영 방식이 달라지기 때문에 각자의 상황에 맞춰서 운영되어야 한다. 내 고객이 인스타그램에서 어떻게 반응하는지, 무엇을 좋아하는지 공부하고 이를 분석해서 나만의 방식을 만들어야 한다. 이는 생각보다 어렵고 시간이 오래 걸릴 것이다. 하지만 업종별 성공 사례를 확인하고 숨어 있는 운영 전략에 대해 공부한다면 그 힌트를 얻을 수 있을 것이다.

고객이 특정 기간에만 구매를 고민하는 업종

인스타그램 운영의 최대 관심사는 팔로워를 늘리는 것이다. 강의 후 가장 많은 질문 역시 '팔로워 수가 잘 안 늘어요. 어쩌죠?'와 같은 내용이다. 인스타그램 운영에서 팔로워 증가는 굉장히 중요한 목표이다. 누구나 많은 팔로워를 가지길 원하며 그 영향력을 활용해 매출을 올릴 수 있을 것이라는 기대감이 있다.

하지만 팔로워가 늘어나는 업종과 그렇지 않은 업종은 처음부터 결정되기도 한다. 팔로워가 잘 늘지 않는 업종에 해당하는 계정은 같은 노력을 해도 생각만큼 팔로워가 늘지 않는다. 그 이유는 팔로워 신청을 하는 고객의 목적에 있다. 팔로워 신청을 하는 행위는 다음과 같은 목적을 가진다.

추후 당신이 올리는 게시물을 계속 받아보고 싶어요.

고객의 경우 당신의 계정에 올라오는 게시물을 통해 고민을 해결하고 싶을 것이다. '내일은 어떤 옷을 입지?', '이번 주말에는 어디에서 데이트를 할까?'와 같이 주기가 짧고 자주 고민해야 하는 것에 대한 답을 찾는다. 이런 고민을 당신의 계정을 통해서 해결할 수 있다면 팔로우를 신청하고 계속해서 게시물을 받아볼 것이다.

반대로 특정 기간에만 고민하고 이를 해결하고 나면 더 이상 고민하지 않거나 상당히 오랜 기간 고민을 멈추는 업종이 있다. 침대, 서랍장, 소파, 책장, 식탁과 같은 가구나 결혼 관련 서비스를 제공하는 업종이 여기에 해당한다. 가구는 교체 주기가 길다. 물론 경제적인 여유가 있는 사람은 침대를 자주 교체할 수도 있지만 대부분은 침대를 구매하면 5~10년 이상 사용한다. 그리고 결혼 관련 서비스를 제공하는 결혼 예물이나 웨딩 플래너 업체 역시 평생에 거쳐 특정 기간에만 구매를 고민한다.

이 경우에는 구매를 통해 고민이 해결되면 한동안 해당 업종의 서비스나 제품을 찾아보지 않는다. 그렇기 때문에 팔로우를 통해 그 계정이 올리는 게시물이나 정보를 계속 받을 동기가 많이 떨어진다. 즉 이런 업종은 팔로워 증가를 기대하기 어렵다. 설사 팔로우를 했더라도 재구매 확률이 많이 낮기 때문에 게시물 업로드를 통한 추가 매출 발생을 기대하기 어렵다. 그렇다면 결혼 관련 업체, 가구 업체 등의 업종은 어떻게 해야 할까?

이에 해당하는 업종은 다음과 같은 운영 전략을 짜서 마케팅할 것을 제안한다.

- **전략 키워드**: 연결 > 발견 > 탐색
- **운영 전략**: 검색 해시태그를 잘 갖추고 검색 결과 상위 노출에 집중하자!

한 결혼 예물 업체의 예를 보자. 팔로워 확보에 어려움을 겪고 있던 마케팅 담당자는 필자의 강의를 듣고 팔로워 증대보다는 검색 결과 노출에 집중하기 시작했다. 검색 해시태그 노출을 통한 연결과 함께 검색 결과에서 선택받기 위한 잘 발견되는 이미지 그리고 중구난방으로 레이아웃되어 있던 계정 피드를 탐색하고 싶게 바꾸는 작업을 진행했다.

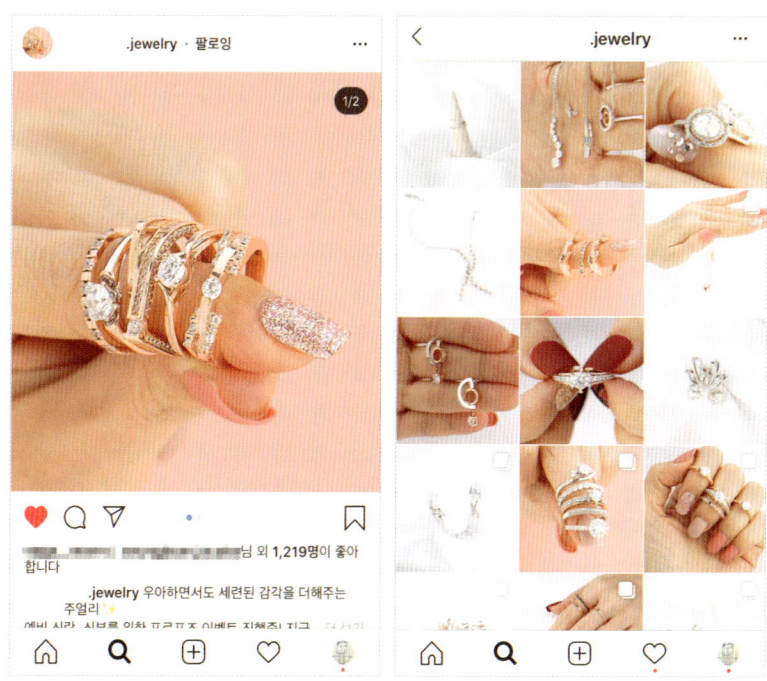

▲ 한 결혼 예물 업체의 게시물(좌)과 피드(우)

먼저 연결을 위해 결혼을 앞둔 고객이 자주 검색하는 '#○○예물', '#다이아몬드결혼반지', '#프로포즈반지'와 같은 해시태그를 게시물에 포함시켰다. 그리고 검색 결과에서 선택받기 위해 다른 계정의 이미지와 차별화된 게시물 콘셉트를 취했고, 마지막으로 연결과 발견을 통해 계정으로 방문한 고객이 피드를 충분히 탐색하고 참여할 수 있도록 라인 방식의 피드 레이아웃을 구축했다.

◀ '#○○예물샵' 해시태그에서 상위에 노출된 예

    그 결과 경쟁이 치열한 '#청담예물'과 같은 해시태그에서 상단 기간 상위에 노출되었다. 또한 지금도 검색을 통해 게시물을 발견하고 홈페이지로 방문하고 있다.

▲ 인스타그램 계정을 통해 홈페이지로 방문한 고객 수

    해당 업체의 경우 인스타그램을 통해 매장을 방문한 고객이 실제 구매로 이어지는 경험을 하면서 '연결 > 발견 > 탐색'에 따른 운영 전략 효과를 보고 있다. 아직 1천 명 미만의 팔로워이지만 꾸준한 고객의 문의와 매장 방문은 업종에 맞는 인스타그램 운영이 얼마나 중요한지 보여준다. 만약 이 사례처럼 특정 기간 내 검색을 통해 서비스나 제품을 찾는 업종이라면 팔로워 증가가 아닌 검색 해시태그 공략에 집중할 필요가 있다.

라이프 스타일을 제안하고
재구매가 활발한 업종

매력적인 라이프 스타일을 제안하는 계정을 자주 볼 수 있다. 이런 계정은 '나도 저렇게 입고 싶다', '저렇게 살고 싶다'와 같은 욕망을 멋진 이미지와 함께 자극한다. 보통 패션, 뷰티, 여행, 인테리어 및 소품 등을 판매하는 브랜드가 해당하며 여기에 포함된다면 팔로워 확보와 쇼핑태그를 잘 갖춰야 한다.

특정 기간에만 고민하는 업종이 아니기 때문에 내 브랜드를 좋아하는 다수의 팔로워가 있다면 게시물을 업로드하는 것만으로도 광고 효과를 톡톡히 볼 수 있다. 만약 당신의 업종이 해당된다면 다음과 같은 인스타그램 운영 전략을 제안한다.

- **전략 키워드:** 연결 > 발견 > 탐색 > 쇼핑
- **운영 전략:** 연결과 발견은 기본! 계속 탐색하고 싶은 피드 구성을 통해 팔로워를 유도하고 구매(쇼핑)를 유도하자!

인스타그램 사용자들의 주목을 받는 한 뷰티 업체를 보자. 시간을

거스르는 클래식한 패키지로 많은 여성의 선택을 받고 있으며 강력한 비주얼 임팩트를 전달하는 피드는 계속 탐색하고 싶게 만든다.

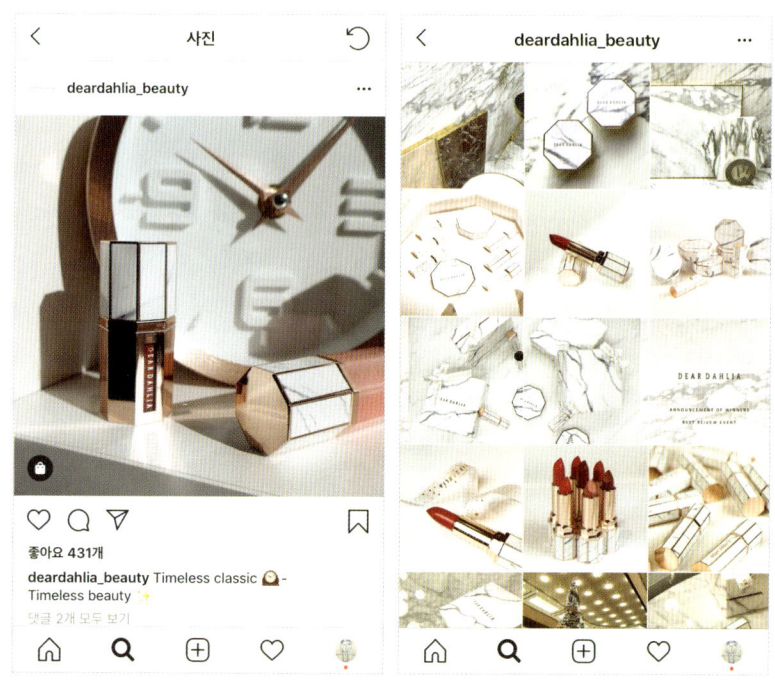

▲ 한 뷰티 업체의 게시물(좌)과 피드(우)

실제로 이 계정은 채 반 년도 안 되는 시점에 팔로워 1만 명에서 6만 명으로 약 여섯 배가량 늘었으며 쇼핑태그 적용 이후에는 게시물 업로드만으로도 꽤 많은 고객이 홈페이지에 방문하는 효과를 보고 있다.

해당 브랜드는 팔로워 증가와 함께 홈페이지 방문 고객 수 역시 정비례로 증가하고 있어 팔로워 확보가 왜 중요한지 보여준다. 특히 모델이나 인플루언서 관련 콘텐츠보다는 제품 패키지에 감성을 담아 전달하는 게시물이 업로드될 때 더 많은 반응을 얻고 있다. '갖고 싶다'를 자극하는 패키지를 담아낸 비주얼이 많은 고객에게 발견되고 선택받고 있는 것이다. 이는 둘러보기나 검색 결과의 확산을 유도해 다른 고객과 연결되며, 제품을 발견한 고객이 계정 피드가 주는 감성을 탐색하게 만든다. 그리고 팔로우를 하게 만드는 선순환 구조를 만들고 있다.

  팔로워 증가에서 가장 중요한 것은 '탐색'이라는 키워드이다. 팔로우 요청 결심은 대부분 피드를 탐색하면서 생기기 때문에 남들과 다른 매력적인 피드 구성은 무조건 갖춰야 할 요소이다. 이 부분을 갖추고 난 뒤 고객을 찾아가는 해시태그나 광고 등을 활용해 팔로워 증대를 유도해야 한다. 이렇게 확보한 팔로워가 많으면 많을수록 수확할 수 있는 보상 역시 높을 것이다.

찍기 위해 방문하는 오프라인 카페 및 외식 업종

최근에는 특별한 기념일을 축하하거나 주말 데이트 등을 계획할 때 인스타그램 검색으로 장소를 찾는 경우가 많다. 그리고 해당 검색 결과를 보면 홍보 콘텐츠보다는 특정 매장에 방문한 고객이 올린 콘텐츠가 대부분이다. 흔히 '인스타 감성'이라고 불리는 업체들은 사람들에게 찍고 싶은 감성을 제공함으로써 자연스러운 인스타그램 바이럴 홍보 효과를 거두고 있다.

만약 오프라인 카페나 외식 매장 오픈을 준비하고 있거나 혹은 운영하고 있다면 다음과 같은 운영 전략을 고민해봐야 한다.

- **전략 키워드**: 연결(검색) > 발견(찍고 싶은 감성)
- **운영 전략**: 고객의 검색 결과에 노출될 수 있는 해시태그와 찍고 싶은 감성을 제공하자!

서로 다른 느낌으로 찍고 싶은 감성을 제대로 활용해 인스타그램 바이럴 효과를 톡톡히 보고 있는 두 카페를 보자.

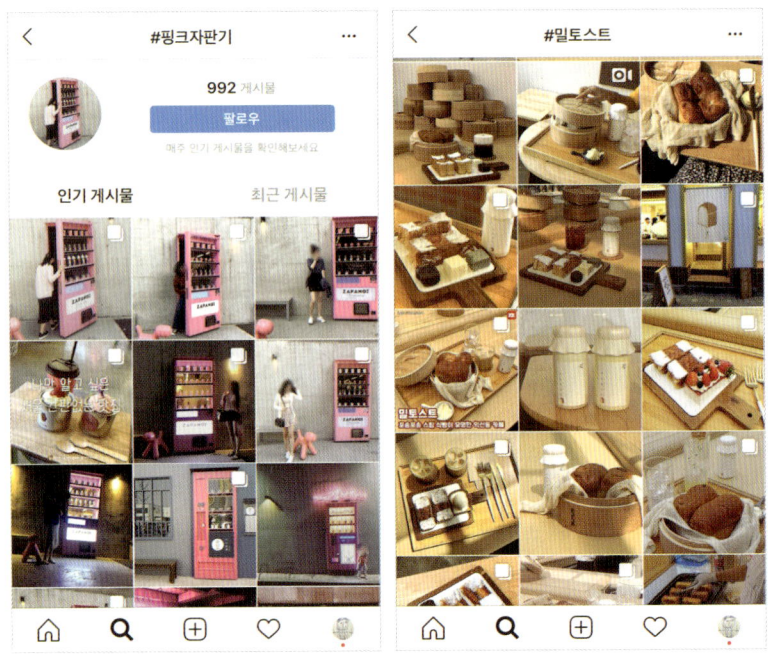

▲ 분홍색 자판기로 유명한 카페 자판기(좌)와 맛있는 토스트로 유명한 밀토스트(우)

　카페 자판기는 젊은 여성 고객에게 어필하기 좋은 핑크색 자판기를 매장 출입문으로 활용했고 이 전략은 사람들의 반응을 불러 일으켰다. 방문 고객은 누구나 핑크 자판기 앞에서 포즈를 취했고, 이렇게 촬영된 이미지는 '#망원동카페', '#망원동데이트장소', '#핑크자판기' 같은 해시태그로 인스타그램에 확산되기 시작했다.

　밀토스트는 맛있는 토스트와 따뜻한 감성의 매장 분위기로 고객의 선택을 받았다. 토스트와 어울리는 부드럽고 따뜻한 감성의 매장 인테리어는 대충 찍어도 뛰어난 결과물을 보여준다. 이런 요소는 찍고 싶은 욕구를 자극하고 방문할 수밖에 없는 상황을 만든다. 지금도 '#밀토스트'라는 해시태그는 약 8천 건이 넘는 누적 게시물 수를 보이며 고객은 찍기 위해 이곳을 방문하고 있다.

인스타그램 감성은 하나의 주류로 평가받고 있다. 고객을 매장에 방문하게 하고 싶다면 찍고 싶은 감성을 제공할 수 있어야 한다. 물론 음식이나 서비스가 주는 만족도가 높아야 하는 건 기본이고, 여기에 찍고 싶은 감성을 제공한다면 고객이 알아서 당신의 비즈니스를 홍보해줄 것이다.

두 카페는 공식 계정이 없거나 있더라도 팔로워 수가 상대적으로 적다. 이에 비해 매장에 방문한 고객이 공유한 게시물은 수천 개가 넘으며 좋아요나 댓글 반응 역시 엄청나다. 만약 찍고 싶은 그 무언가를 제공할 수 있다면 그것만으로 충분하다. 찍기 위해 고객을 방문시킨다면 인스타그램을 통한 홍보는 고객이 해줄 것이다.

고객이 알아서 내 제품을 추천하고 공유하는 인스타그램 바이럴을 위해서는 다음과 같은 프로세스를 고민해봐야 한다.

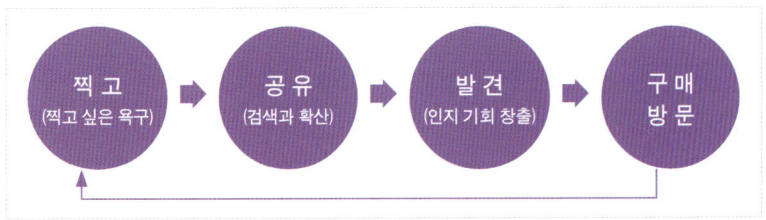

▲ 인스타그램 바이럴을 위한 프로세스

'찍고' 싶게 만드는 것은 매우 중요하다. 이게 없다면 인스타그램 사용자는 게시물 업로드에 대한 동기를 얻기 힘들다. 누군가에게 자랑하거나 보여주고 싶은 또는 주목받을 수 있도록 찍고 싶은 무언가를 제안해야 한다. 찍은 후에는 '검색'이나 '확산'을 통한 연결 고리 만들기를 위해 적절한 해시태그를 제공할 수 있어야 한다. 아예 새로운 해시태그를 만들 수도 있고 기존 해시태그 중 검색 가능성이 높은 해시태그를 고를 수도 있다. 이렇게 해시태그를 작성하면 당신을 모르던 고객에게 '연결 > 발견'될 것이고, 그 고객 역시 찍고 싶은 동기와 함께 해시태그로 또 다른 고객을 불러올 것이다. 이는 인스타그램 바이럴 홍보에 있어서 가장 기본이 되는 프로세스이며 이를 잘 활용해야 원하는 목표를 달성할 수 있을 것이다.

부록

인스타그램 마케팅에서 이기는 키포인트 🔑

1 발견, 이것이 핵심!

인스타그램은 발견의 공간이다. 고객은 인스타그램 안에서 당신의 비즈니스를 발견하고 연결된 뒤 브랜드를 탐색해 쇼핑 단계로 진입한다. 브랜드를 알리거나 구매를 유도하고 싶다면 우선 잘 발견될 수 있어야 한다. 빛과 같은 속도로 넘어가는 피드에서 당신의 비즈니스를 발견되고 수많은 경쟁사 콘텐츠 사이에서 선택받아야 고객을 다음 단계로 이동시킬 수 있다. 잘 발견되는 콘텐츠를 제작하는 일은 인스타그램 마케팅을 시작할 때 가장 우선시되어야 한다.

'읽는 것'에서 '보는 것'으로

스마트폰 등장과 함께 모바일에서의 콘텐츠 소비는 일상이 되었으며 글 중심의 블로그를 지나 글과 사진을 함께 소비하는 페이스북이 주목받기 시작했다. 이때 자주 활용되던 콘텐츠 타입이 카드뉴스였다. 그러나 3세대 SNS가 등장하면서 사용자가 페이스북에서 이미지 기반 SNS인 인스타그램으로 이동하고 있으며, 오로지 사진만을 소비하는 콘텐츠 패턴을 보이고 있다.

» 이미지만으로 정보가 되는 인스타그램

우리는 사진만 보고 정보를 얻기도 한다. 옷이나 음식, 여행, 뷰티 등은 글을 읽지 않고 연출된 사진을 보는 것만으로도 구매를 고민하기도 한다. 이미지 기반 SNS인 인스타그램에서는 이미지 자체로 정보가 되는 비즈니스가 인스타그램 사용자의 선택을 받는다. 만약 내 비즈니스가 이미지만으로도 정보를 전달하기 충분하다면 인스타그램에서 성공할 확률이 높아진다.

인스타그램 콘텐츠의 특징

≫ 손가락을 멈추게 하는 콘텐츠

인스타그램 사용자들은 화면 스크롤을 빠르게 내리는 성향을 보인다. 빛과 같은 속도로 내려가는 화면에서 손가락을 멈추게 하는 콘텐츠가 인스타그램에서 주목받는 이유이다. 손가락을 멈추게 하는 힘을 가진 콘텐츠를 제작할 수 있어야 고객의 선택을 받을 수 있다.

≫ 욕망을 자극하는 콘텐츠

손가락을 멈추게 한다는 건 설명하는 콘텐츠가 아닌 영감과 욕망을 순간적으로 자극해야 한다는 걸 의미한다. 제품에 대한 구구절절한 설명이 아닌 '갖고 싶다'를 자극할 수 있어야 한다. 의류 쇼핑몰이라면 '입고 싶다', 외식업이라면 '먹고 싶다', 여행업이라면 '가고 싶다'를 자극하는 콘텐츠를 제작해야 한다.

≫ 흥미롭거나 유익한 콘텐츠

정보성 콘텐츠를 제공할 때는 큐레이션을 잘하는 방법이 있다. 특정 지역의 맛집을 모아서 보여주거나 데이트 패션을 모아서 보여주는 방법이 이에 해당한다. 이런 콘텐츠는 유익한 정보로 인식되기 때문에 인스타그램뿐만 아니라 블로그, 페이스북 등 대부분의 미디어에서 활용된다.

≫ 사람이 등장하는 콘텐츠

인스타그램은 다른 SNS에 비해 개인의 일상을 주로 업로드하며 연예인이나 유명인이 활발히 활동하는 공간이기 때문에 사람이 등장하는 콘텐츠에 익숙하다. 만약 무형의 서비스를 제공하거나 판매하는 제품이 시각적인 강점을 가지고 있지 않다면 사람이 등장하는 콘텐츠를 제작해보는 것도 방법이다. 주로 병원, 교육, 컨설팅 등이 이에 해당한다.

쉽게 발견되는 콘텐츠 제작하기

≫ 인스타그램 필터 및 수정하기

인스타그램은 다양한 사진 필터를 제공한다. 총 40종이 넘는 이 필터 중에서 Clarendon, Lark, Juno, Ludwig 등이 최신 트렌드에 적합하며, 필터 적용만으로도 사진의 선명도나 채도, 명도 등을 손쉽게 개선할 수 있다. 조정 기능을 활용하면 좀 더 세밀한 사진 보정이 가능하다. 특히 '밝기', '채도', '구조', '선명하게' 네 가지 기능을 활용하면 일정 수준 이상의 사진으로 편집할 수 있다.

≫ 구도 및 자연광 활용하기

콘텐츠의 퀄리티를 올리기 위해서는 사진 필터와 보정 이전에 원본 사진을 잘 찍어야 한다. 이때 사진의 구도와 함께 자연광을 충분히 활용하는 게 중요하다. 자연광 아래에서 구도를 맞추고 사진을 촬영한 뒤 사진 보정 앱을 사용하면 전문 사진 작가 못지 않은 콘텐츠 제작이 가능하다.

》앱 활용하기

사진 필터 앱의 경우 국내는 스노우, 푸디, 해외의 경우 VSCO 등을 많이 사용한다. 보정 및 편집 앱의 경우 스냅시드와 라이트룸을 활용하면 멋진 결과물을 얻을 수 있다. 디자인 작업이 필요할 때는 타일과 캔바를 사용하면 다양한 템플릿을 활용해서 디자인이 가능하다.

2 연결, 이것이 핵심!

연결에 대한 개념을 이해하지 못하면 인스타그램에서 고객을 만나기 어렵다. 인스타그램은 당신의 비즈니스와 관련이 있다고 판단되는 사람을 연결해주는 공간이기 때문에 연결을 위한 준비만 잘 갖추면 고객을 만날 수 있다. 인스타그램에서 연결은 소셜 큐레이션이라는 서비스를 통해 둘러보기와 해시태그 검색 결과가 구현되며, 소셜 큐레이션 서비스가 작동하는 중심에는 해시태그가 있다.

3세대 버티컬 SNS

SNS는 싸이월드, 블로그 등의 1세대를 지나 페이스북, 트위터 등의 2세대 SNS에서 인스타그램을 필두로 한 3세대 SNS 시대로 넘어오고 있다. 수평적인 관계 기반으로 콘텐츠가 확산되는 2세대 SNS와 달리 특정 주제와 관심사 아래 수직적으로 모이는 인스타그램은 3세대 버티컬 SNS라고도 불린다.

》 **3세대 버티컬 SNS, 인스타그램**

주제와 관심사에 따라 서로 연결되고 확산되는 인스타그램의 특징을 이해해야 한다. 인스타그램은 관계에 의해 확산되는 페이스북과 구조적으로 다르기 때문에 운영을 위한 접근을 할 때 3세대 버티컬 SNS가 가지고 있는 특징을 고려해서 진행해야 한다.

'연결'을 이해하기 위한 키워드 '소셜 큐레이션'

》 소셜 큐레이션 서비스

인스타그램은 소셜 큐레이션이라는 역할을 중요하게 생각한다. 관계와 주제, 관심사에 의해서 콘텐츠를 제안하는 소셜 큐레이션은 인스타그램에서 고객을 만나고 내 콘텐츠를 확산시키는 중요한 기준이 된다.

》 둘러보기

둘러보기는 소셜 큐레이션 서비스를 대표하는 공간이다. 개인의 관심사와 맺고 있는 관계에 따라 콘텐츠가 제안되며 이런 이유로 인스타그램 사용자 대부분이 둘러보기 영역에서 많은 시간을 보낸다. 인스타그램은 둘러보기에서 확산이 일어나며 확산을 위해서는 둘러보기 노출 기준을 알아야 한다.

둘러보기 노출 기준

- **해시태그·관심사**: 좋아하는 사진 기반, 좋아하는 동영상 기반
- **관계**: 팔로우 중인 사람 기반, 팔로우하는 계정과 유사
- **저장·콘텐츠**: 저장한 게시물 기반, 조회한 동영상 기반

》 인스타그램 해시태그의 특징 및 역할

인스타그램에서 해시태그는 검색을 통해 콘텐츠와 사람을 연결하기도 하며 콘텐츠를 구분하고 제안하는 역할을 한다. 그리고 최신 트렌드를 반영해 콘텐츠를 보여주기도 한다. 다양한 역할을 하는 해시태

그는 크게 세 가지로 구분할 수 있다.

첫 번째 역할은 '검색'이다. 인스타그램 사용자는 원하는 정보를 얻기 위해 해시태그 검색을 한다. 검색은 해시태그 역할에서 중요한 부분을 차지하며 고객과 연결될 수 있는 가장 좋은 방법이다.

두 번째 역할은 '고객 정보'이다. 인스타그램 게시물에 작성된 해시태그는 고객의 정보를 나타내기도 한다. 나이, 성별, 성향 등을 나타내는 해시태그를 포함해 게시물을 작성하기 때문에 고객 정보를 파악할 수 있는 해시태그를 잘 살펴봐야 한다.

세 번째 역할은 '최신 트렌드 반영'이다. 인스타그램은 둘러보기를 통해 최신 트렌드를 반영한 게시물을 보여준다. 짧은 기간 내에 특정 해시태그 언급이 많아지면 이를 트렌드로 반영하는 것이다.

》 고객이 찾아오는 해시태그 vs. 고객을 찾아가는 해시태그

해시태그의 역할과 함께 이를 활용하기 위해서는 고객 연결을 위한 '고객이 찾아오는 해시태그'와 고객 발굴을 위한 '고객을 찾아가는 해시태그'에 대한 이해가 필요하다. 인스타그램 해시태그의 검색 및 둘러보기 확산이라는 역할을 활용해서 고객이 찾아오게 할 수 있으며, 고객 정보라는 역할을 통해 새로운 고객을 발굴할 수 있다. '인기 게시물' 영역에서 상위로 노출되기 위해서는 '빠른 시간 내에 내 팔로우 대비 많은 좋아요, 댓글 등의 반응'을 얻어야 한다.

》해시태그 작성 및 발굴을 위한 외부 솔루션

한 게시물에 최대 30개의 해시태그가 검색 결과 등에 반영되기 때문에 어떤 해시태그를 선택해야 할지 고민될 수 있다. 이때는 해시태그 분석 지표를 제공하는 미디언스의 '해시태그랩'과 검색 해시태그 발굴에 도움이 될 수 있는 '네이버 검색광고 관리자'를 활용해보자.

3 탐색, 이것이 핵심!

탐색은 인스타그램에서 가장 중요한 개념이며 어떻게 갖추느냐에 따라 인스타그램 운영 목적을 달성할 수 있다. 발견과 연결을 통해 계정을 방문한 인스타그램 사용자가 팔로워를 하거나 매장, 웹사이트를 방문하는 등의 결정은 계정 피드를 탐색하면서 내리기 때문이다. 연결과 발견을 지나 탐색까지 갖춰졌을 때 인스타그램을 통한 효과를 체감할 수 있을 것이다.

탐색하고 관여되는 인스타그램 계정 피드

≫ 3열 그리드
인스타그램 계정 피드는 격자 무늬의 3열 그리드 구조로 되어 있다. 스크롤을 내리며 탐색하기 좋은 구조이며 탐색하면서 브랜드에 관여된다는 특징이 있다. 따라서 고객이 찾아왔을 때 탐색하기 좋은 구성과 레이아웃을 갖춰야 한다.

≫ 인스타그램에서 탐색이란?
계정 피드는 브랜드의 첫인상이다. 발견과 연결을 거쳐 탐색의 단계로 왔을 때 당신의 인스타그램 계정 피드는 매력적인 모습을 갖추고 있어야 한다. 탐색은 인스타그램 운영 목적으로 달성하는 중요한 개념이며, 탐색하고 싶은 피드와 가치를 제공하지 못한다면 발견과 연결을 통한 노력이 빛을 발하기 어렵다.

탐색하기 좋은 구조 만들기

》 탐색하기 좋은 레이아웃

탐색하기 좋은 레이아웃을 만드는 두 가지 방법이 있다. 라인 방식과 바둑판 방식이다. '라인 방식'은 세 개 게시물로 하나의 라인을 형성해 업로드하며, 비주얼 임팩트를 주는 것과 함께 안정된 레이아웃이 특징이다. '바둑판 방식'은 두 개의 콘셉트를 교차로 업로드하는 방식으로 안정적인 운영이 가능하다는 특징이 있다.

피드 구성을 도와주는 외부 솔루션

》 피드 구성과 예약 발행을 동시에 '프리뷰'

프리뷰는 게시물을 업로드하기 전 예상되는 레이아웃을 미리 확인할 수 있으며 해당 레이아웃을 그대로 인스타그램에 업로드할 수도 있다. 이때 설정하면 예약된 날짜와 시간에 업로드하는 기능도 제공한다.

》 PC를 활용한 예약 발행 서비스 '스마트 포스트'

마케팅 담당자는 PC를 활용한 업무가 대부분인데 이때 스마트 포스트Smart Post를 활용하면 인스타그램 게시물을 원하는 시간에 예약 발행할 수 있다. 이외에도 블로그, 페이스북 등 다양한 채널에 업로드하는 기능도 제공한다.

4 발견, 이것이 핵심!

발견, 연결, 탐색의 과정을 거친 고객은 본격적으로 쇼핑에 들어선다. 인스타그램은 지속적으로 쇼핑 기능에 대한 업데이트와 커머스 영역으로의 확장을 진행 중이며 이런 변화를 눈여겨보고 쇼핑 기능을 적극적으로 도입해야 한다. 향후 인스타그램은 제품과 서비스를 직접 판매하는 웹사이트의 역할까지 영역을 확대할 예정이다.

발견의 공간에서 구매를 위한 공간으로

》 쇼핑태그

인스타그램 커머스의 첫 시작은 쇼핑태그 도입이다. 쇼핑태그가 도입되기 전에는 인스타그램에서 발견한 제품을 구매하기 위해 포털 사이트를 검색하거나 인터넷 주소창에 직접 주소를 입력했지만 이제는 쇼핑태그를 누르는 것만으로 바로 구매 단계에 들어갈 수 있다. 이제 발견과 함께 구매로 고객을 이동시킬 수 있으며, 발견의 공간에서 구매를 위한 공간으로 인스타그램은 변화하고 있다.

인스타그램 커머스의 가능성

》 둘러보기 쇼핑 카테고리

인스타그램 둘러보기는 맞춤 콘텐츠를 제공하는 공간이다. 이 공간에 쇼핑 카테고리가 추가되면서 새로운 쇼핑 경험을 제공해주고 있다. 둘러보기 쇼핑은 관심사 및 관계 등이 복합적으로 적용되면서 개인 맞춤형 쇼핑 콘텐츠를 제공해줄 것이다.

≫ 쇼핑태그 저장
관심 있는 제품의 쇼핑태그를 누른 뒤 이를 저장하는 기능이 생기면서 새로운 가능성도 제시되고 있다. 웹사이트에서 아이쇼핑 후 위시리스트나 장바구니에 제품을 담아 놓듯이 인스타그램 쇼핑태그 저장이 그런 역할을 할 수 있다. 이는 광고나 결제 기능과 연결될 가능성이 높다.

≫ 스토리 쇼핑태그
스토리에도 쇼핑태그를 적용할 수 있다. 스토리 쇼핑태그 적용은 브랜드를 홍보하고 웹사이트로 유입할 수 있는 또 하나의 공간을 제공한다는 의미를 지닌다.

≫ 체크아웃
인스타그램 앱 내에서 결제가 가능한 체크아웃 기능이 일부 국가에서 테스트하고 있다. 이는 인스타그램 계정을 개설하는 것만으로도 웹사이트를 만드는 것과 같은 효과를 볼 수 있다는 걸 의미한다. 체크아웃의 도입으로 인스타그램 커머스는 더 커질 것으로 전망된다.

쇼핑태그 설정 가이드

≫ 계정 구조 살펴보기
인스타그램 쇼핑태그 적용을 위해서는 페이스북(샵 기능) 계정과 인스타그램 계정이 서로 연동되어 있어야 한다. 쇼핑태그를 누르면 페이스북의 샵이나 카탈로그로 이동하기 때문에 샵이 등록된 페이스북 페이지 계정과 쇼핑태그 적용을 원하는 인스타그램 계정이 서로 연결되어야만 한다.

》페이스북 페이지샵 등록하기

쇼핑태그를 누르면 페이스북 페이지샵(또는 카탈로그)으로 이동한다. 만약 쇼핑태그를 적용하고 싶다면 우선 페이스북 페이지샵에 제품을 등록해야 한다.

》페이지 템플릿 변경하기

페이스북 페이지샵을 등록하고 이를 인스타그램 계정과 연결했다면 이제 해당 페이지 설정에서 페이지 템플릿을 쇼핑으로 바꿔야 한다. 이 설정을 하지 않아 쇼핑태그를 사용하지 못하는 경우가 많다.

5 나를 알릴 수 있는 다양한 기능, 이것이 핵심!

인스타그램에서 당신의 브랜드를 소개할 수 있는 공간은 피드 게시물 이외에도 스토리, 하이라이트, 라이브, IGTV 등이 있다. 각 공간은 노출되는 모습도 다르고 소통하는 방식 역시 차이가 있다. 그럼에도 많은 사용자가 차이점을 잘 모르고 활용하는 경우가 많다. 각 역할과 활용 방법에 대해 안다면 좀 더 풍성한 이야기로 고객을 만날 수 있을 것이다.

인스타그램 스토리

인스타그램 스토리는 참여를 통한 계정 활성화와 함께 해시태그 등을 활용해서 추가 확산을 가져올 수 있다. 스토리가 제공하는 다양한 참여 스티커를 이용해서 고객 설문조사를 진행할 수도 있고 투표를 할 수 있으며 신제품을 론칭하기 전 카운트다운 기능으로 기대감을 줄 수도 있다. 또는 해시태그나 위치태그를 적용할 수 있는 태그 스티커를 활용해서 검색 결과에 당신의 스토리를 노출시키거나 참여를 통한 계정 활성화와 함께 검색 결과 내 노출을 통해 추가 확산을 기대할 수 있다.

스토리는 강제로 삭제하지 않는 이상 영구적으로 남는 피드 게시물과 달리 24시간 이후 사라지는 특징이 있다. 이런 이유로 브랜드의 지극히 평범한 이야기나 촬영 현장 B컷 등을 업로드하기도 하며 단기간 운영되는 이벤트를 스토리로 홍보하기도 한다.

인스타그램 하이라이트

하이라이트는 24시간 이후 사라지는 스토리를 주제별로 묶어서 계정에 노출시키는 것이다. 하이라이트를 활용하면 24시간이 지난 스토리를 이후에도 계속 보여줄 수 있다. 영감을 주는 피드나 참여를 통해 소통을 유도하는 스토리와 달리 좀 더 구체적인 정보를 제공하는 역할을 한다. 페이스북의 카드뉴스와 비슷한 형태로 운영되며 제품 후기나 사용법 등 피드나 스토리로 하기 힘든 이야기를 하이라이트가 담당한다. 이외에도 배송 정보, 매장 찾아오기 등 공지사항을 알리는 역할로 활용되고 있다.

인스타그램 라이브&IGTV

라이브와 IGTV는 모바일 환경에 친화적인 세로형 동영상 노출 방식을 채택했다. 가로형 동영상보다 세로형으로 노출되는 데 적합한 패션이나 뷰티 등 업종은 라이브와 IGTV 활용을 고민해봐야 한다.

　라이브는 실시간 개인 방송이나 모바일 홈쇼핑과 같은 방식으로 주로 활용되며, 라이브 시작 전 사전 공지를 적극적으로 해야 많은 참여자를 모을 수 있다. 그리고 주제를 명확히 하고 운영해야 참여자들의 혼란을 줄일 수 있기 때문에 진행 전에 어떤 목적으로 라이브를 진행할지 반드시 정하고 시작하자.

    IGTV는 크리에이터의 공간으로 활용되고 있다. 코디법이나 화장 노하우 등 정보성 콘텐츠를 세로형 동영상에 맞춰 진행하는 것이다. 만약 크리에이터를 꿈꾸거나 세로형 동영상 노출 방식에 적합한 브랜드를 운영 중이라면 IGTV를 통해 홍보해보는 것이 좋다. 아직 경쟁이 심하지 않은 IGTV는 또 다른 기회를 줄 것이다.

인스타그램 칼럼을 읽을 수 있는 칙스토리CHIC STORY 블로그 사이트
이 책에는 인스타그램 마케팅에 대한 정석에 가까운 내용을 담았다. 옆에 두고 읽으면서 업무에 반영한다면 도움이 될 것이다. 책 내용 이외에도 다양한 인스타그램 관련 정보를 알고 싶다면 칙스토리 사이트 www.chic-story.com 을 통해 확인해볼 수 있다.

인스타그램 마케팅, 그렇게 하는 게 아닙니다

초판 1쇄 발행 | 2019년 8월 31일
초판 2쇄 발행 | 2020년 3월 31일

지 은 이 | 김종영
펴 낸 이 | 이은성
펴 낸 곳 | e비즈북스
편　　집 | 김지은
교　　정 | 김은미
디 자 인 | 이윤진
주　　소 | 서울시 동작구 상도동 206 가동 1층
전　　화 | (02) 883-3495
팩　　스 | (02) 883-3496
이 메 일 | ebizbooks@hanmail.net
등록번호 | 제 379-2006-000010호

ISBN 979-11-5783-160-9 03320

e비즈북스는 푸른커뮤니케이션의 출판브랜드입니다.

이 도서의 국립중앙도서관 출판예정도서목록(CIP)은 서지정보유통지원시스템 홈페이지(http://seoji.nl.go.kr)와 국가자료종합목록시스템(http://www.nl.go.kr/kolisnet) 에서 이용하실 수 있습니다. (CIP제어번호 : CIP2019027818)